Horacy Safrin

Aj, wie klug war unser Rebbe

Horacy Safrin

Aj, wie klug war unser Rebbe

Jüdische Witze und Anekdoten

Ausgewählt und aus dem Polnischen
übersetzt von Kurt Kelm

Illustrationen von Horst Hussel

ANACONDA

Die Deutsche Nationalbibliothek verzeichnet diese Publikation in der Deutschen Nationalbibliographie; detaillierte bibliographische Daten sind im Internet unter http://dnb.d-nb.de abrufbar.

Umschlagmotiv: Lining of an Uzbek green adras parandja (20th century),
© The Design Library, New York / bridgemanart.com
Umschlaggestaltung: Druckfrei. Dagmar Herrmann, Köln
Satz und Layout: InterMedia, Ratingen
Printed in Czech Republic 2012
ISBN 978-3-86647-748-3
www.anacondaverlag.de
info@anacondaverlag.de

Oj – oj – oj Belz,
majn schtetele Belz,
majn hejm ale tog,
wo'ch hob
majne kinderschen jorn
farbracht.

INHALT

DER RABBI

Der Rabbi war Mittelpunkt der Gemeinde. Er war die Autorität in Glaubensfragen, wachte über die Einhaltung ritueller Vorschriften und hatte in Zweifelsfällen Entscheidungsgewalt. Zu meinen Aufgaben gehörte neben der religiösen Belehrung auch die richterliche Tätigkeit (Zivil-, Ehe-, Erbrecht).

Ein Jude stürzte schreiend und weinend in das Zimmer unseres Rabbis.

»Rebbe!« rief er. »Helft! Mein Sohn ist verrückt geworden!«

»So beruhige dich doch«, beschwichtigte ihn der Rabbi. »Wieso meinst du, er sei verrückt geworden?«

»Stellt Euch vor, Rebbe: Ich komme in sein Zimmer, und dort liegt – pfui! – Schinken auf dem Teller und im Bett ein Christenmädchen!«

»Und du glaubst, er ist verrückt?« erwiderte der Rabbi lächelnd. »Ja, würde der Schinken im Bett liegen und das Mädchen auf dem Teller, dann hättest du recht. Aber so …«

Aj, wie klug war unser Rebbe …

Zum Rabbi aus Dolina kam eines Tages eine arme Jüdin und beklagte sich über ihren Mann. Er sei ganz schlimm, und überhaupt, sie müsse sich von ihm scheiden lassen.

Der Rabbi hörte sich die Klagen der Frau aufmerksam an, gab ihr dann zehn Gulden und schickte sie nach Hause.

Ein Mitglied des jüdischen Gemeinderats, der bei der Anhörung zugegen war, wunderte sich sehr. »Diese unglückliche Frau hat Euch doch gar nicht um eine Unterstützung gebeten!« sagte er.

»Hast du genau hingeschaut?« erwiderte der Rabbi. »Hast du gesehen, wie elend und mager sie ist – das Gesicht bleich, Ränder unter den Augen. Die Kinder hungern wahrscheinlich auch. Laß die ganze Familie sich am Sabbat richtig satt essen, und du wirst erleben, daß sie ihren Mann wieder mit anderen Augen sieht!«

Ein Jude kommt zum Rabbi und beklagt sich: »Oj, helft mir, Rebbe! Ich habe große Sorgen mit meinem Schwiegersohn! Er kann weder trinken noch Karten spielen!«

»Aber das ist doch gut.«

»Wie soll das gut sein? Er kann nicht trinken, aber er trinkt. Er kann nicht spielen, aber er spielt!«

Ein Jude kommt zum Rabbi des Nachbarstädtchens und bittet ihn um Rat.

»Ihr habt doch euren eigenen Rabbi«, antwortet der Gelehrte verwundert. »Warum bist du nicht zu ihm gegangen?«

»Bei unserem Rabbi war ich schon. Aber ich dachte mir, daß zwei Ochsen den Karren eher aus dem Dreck ziehen als einer …«

Der berühmte Talmudist Zwi Chajes, Rabbi von Żółkwia, wohnte der Predigt eines jungen Rabbiners aus Brünn bei.

Als der junge Mann seine endlose Rede beendet hatte, drückte ihm Rabbi Chajes herzlich die Hand. »Der Glanzpunkt Ihrer Predigt«, sagte er lächelnd, »war zweifellos – Ihr Zylinder.«

Der wegen seiner Sanftmut bekannte Rabbi Hirsch aus Żydaczów sieht am Fastentag Tischa be Aw auf dem Marktplatz einen Lastenträger, der in aller Öffentlichkeit ein dick bestrichenes Schmalzbrot ißt.

Der Rabbi tritt zu ihm und fragt sanft: »Höre, mein Sohn, du bist sicherlich krank, und Kranke sind nicht verpflichtet, das Fastengebot einzuhalten ...«

»Nein, Rabbi«, erwidert der Lastenträger, »ich bin gesund wie ein Fisch im Wasser.«

»Dann hast du bestimmt vergessen, daß heute Tischa be Aw ist, der Tag, an dem wir der Tempelzerstörung in Jerusalem gedenken?«

»Nein, Rabbi, ich weiß das sehr wohl.«

»Weshalb hältst du dich dann nicht an das Fastengebot?« möchte Rabbi Hirsch wissen.

»Weil mir das so gefällt!«

Bei diesen Worten hebt der Rabbi die Augen zum Himmel empor und ruft freudig erregt: »Schaue herab, Allerhöchster, und sieh, wie wahrheitsliebend dein auserwähltes Volk ist! Selbst ein Sünder verabscheut die Lüge!«

Eine Frau kommt zum Rabbi. Der ist schon recht alt und sieht schlecht.

»Rebbe«, sagt die Frau, »was soll ich tun? Mein Mann betrügt mich.«

»So«, sagt der Rabbi, »er betrügt dich ... Nu, wir woll'n sehn, was die Schrift sagt ...« Er holt einen dicken Folianten aus dem Regal, schlägt ihn auf und … findet seine Brille darin. Er setzt sie auf, sieht die Frau aufmerksam an und sagt: »Er betrügt dich also … Recht hat er!«

Rabbi Jankele aus Borysław war ob seiner Bildung und großen Lebensweisheit weithin bekannt.

1932, auf dem Höhepunkt der Weltwirtschaftskrise, kam ein Kaufmann mit einer Frage zu ihm.

»Rabbi«, sagte er, »was ist bloß mit dieser Welt los? Ich habe einen Lebensmittelladen und ein Textilgeschäft. Wenn die Welt lebt, müßte ich doch Lebensmittel verkaufen. Ist sie gestorben, so müßte ich Leichentücher verkaufen. Aber die Kassen meiner beiden Geschäfte haben seit Monaten überhaupt nicht mehr geklingelt. Was ist bloß los?«

»Mein Lieber«, antwortete ihm Reb Jankele seufzend. »Die Welt lebt nicht, und sie ist nicht gestorben. Die Welt quält sich so dahin …«

In einem galizischen Städtchen hat ein reicher Kaufmann dem Rabbiner für die Bedürfnisse der jüdischen Gemeinde zweihundert Gulden gespendet.

Zwei Stunden später erscheint beim Rabbi eine Delegation der »Begräbnisbruderschaft« und bittet darum, das Geld für die Ausbesserung des Friedhofzauns zu verwenden. Andernfalls würden die Hunde und Schweine durch die Löcher im Zaun kriechen und womöglich den ganzen Friedhof verwüsten.

»Einverstanden«, erwidert der Rabbi, »Ich weiß, daß der Zaun ausgebessert werden muß, doch eines wundert mich: Wie haben die Hunde und Schweine in so kurzer Zeit von den zweihundert Gulden erfahren?«

WUNDERRABBI UND CHASSID

Der Chassidismus (Chassid = der Fromme) ist eine volkstümliche religiös-mystische Bewegung des Judentums. Sie entstand Mitte des 18. Jahrhunderts im damaligen Südpolen (Podolien, Ostgalizien, Wolynien). Ihr Begründer war Israel ben Elieser, genannt Baal Schem Tow (»Herr des guten [göttlichen] Namens«). Baal Schem Tow widersetzte sich der trokkenen Gelehrsamkeit und vielen asketischen Regeln des Talmuds. Er pries die Lebensfreude und empfahl das Gebet »aus einem Zustand des Entzückens heraus«; er forderte einfältigen Glauben und ethischen Wandel, verbunden mit der Aufhebung des religiösen Wertunterschieds zwischen rabbinischen Funktionären, Gelehrten und dem einfachen Volk (der Fromme [Chassid] jeden Standes kann kraft aufrichtiger Gläubigkeit die Stufe eines Gerechten [Zaddik] erreichen), sowie die Übergabe der religiös-sittlichen Führung der Gemeinschaft an den Zaddik, dessen Würde erblich

ist. Baal Schems Nachfolger, die Zaddikim (im Deutschen auch »Wunderrabbis« genannt), die in chassidischen Kreisen als Wundertäter galten, trugen häufig genug zur Verbreitung von Wissenschafts- und Fortschrittsfeindlichkeit bei. In den voneinander getrennten Gruppen der Chassidim bildeten sich mit der Zeit Dynastien heraus, die sich einen prunkvollen Hofstaat hielten. Dies und die Tatsache, daß bei einer Erbfolge auch unbedeutende Persönlichkeiten die Würde eines Zaddik übernahmen, trug zu einem gewissen Niedergang der Bewegung bei. Von den Talmudgelehrten wurde der Chassidismus bekämpft, und so nimmt es nicht wunder, daß aus diesem Reibungsverhältnis heraus eine Unzahl von Witzen und Anekdoten entstand.

Wer am Fenster des Rabbis von Otynia vorbeikam, sah ihn meist am Tisch über dicken Folianten sitzen. Die Fenster des Parterrehäuschens gingen auf den Trinitarierplatz hinaus. In den Nachmittagsstunden nutzten unsere Jüngsten diesen Platz mit Vorliebe für ihre Spiele.

Eines Tages steigerte sich das Geschrei der herumtobenden Kinder derart, daß der gelehrte Mann alle Augenblicke den Faden seiner philosophischen Überlegungen verlor.

Endlich war die Geduld des alten Zaddiks erschöpft. Er lehnte sich aus dem Fenster und rief: »He, ihr Nichtsnutze! Hinter dem Stadtwäldchen hat sich ein Drache gezeigt!«

Die Kinder liefen in Richtung des Wäldchens davon. Für eine Weile blieb es still. Doch nach wenigen Minuten erzitterten die Scheiben seiner Studierstube vom Getrappel und Gestampfe unzähliger Füße. Zum Stadtwäldchen liefen Junge und Alte, Gesunde und Kranke, Arme und Reiche.

Der Weise schloß die Bücher, nahm seinen Stock und wandte sich zur Tür.

»Wohin willst du? Bist du von Sinnen?« rief seine Frau verwundert. »Du hast dir doch die Geschichte mit dem Drachen selber ausgedacht!«

»Du hast recht, mein Täubchen«, erwiderte der Greis milde. »Aber, siehst du, die ganze Stadt rennt. Wer kann das wissen? Vielleicht hat sich dieser Drache wirklich gezeigt?«

Zum Zaddik kommt tief bekümmert ein Jude.

»Rebbe, ich hab' eine Hühnerfarm, und mir ist fast die Hälfte meiner Hühner krepiert!«

»Womit fütterst du sie?«

»Mit Hafer.«

»Das ist nicht gut. Weizen mußt du füttern.«

Zwei Tage später.

»Rebbe, mir sind wieder zwanzig Hühner krepiert!«

»Was für Wasser gibst du ihnen zu trinken?«

»Brunnenwasser.«

»Das ist nicht gut. Abgekochtes Wasser mußt du ihnen geben.«

Nach einer Woche.

»Rebbe, mir sind wieder fünfzig Stück krepiert! Eure Ratschläge haben nicht geholfen …«

Darauf der Zaddik milde lächelnd: »Hör zu, mein Freund. Ich habe noch viele gute Ratschläge. Aber hast du genug Hühner?«

Ein Talmudist fragt den Zaddik: »Rebbe, weshalb betrinkt der Mensch sich mit Wein?«

»Hör mir aufmerksam zu: Wie du weißt, befinden sich im menschlichen Körper auf der rechten Seite die guten Neigungen, auf der linken hingegen die schlechten. Wenn der Magen sich nun mit Wein füllt, vermischen sich die guten Neigungen mit den schlechten, und daraus ergibt sich die Trunkenheit.«

»Aber«, wendet der Talmudist ein, »weshalb geschieht dann nicht das gleiche, wenn man Wasser trinkt?«

»Aj, du Dummkopf!« weist ihn der gelehrte Mann zurecht. »Hast du jemals gehört, daß sich jemand mit Wasser betrunken hätte?!«

Ein Chassid erzählt:

»Zum Zaddik aus Bobrka kam eines Tages ein Chassid mit seiner taubstummen Tochter. Der Rabbi – leben soll er! – versprach dem bekümmerten Vater, er werde das Mädchen gesund machen. Er setzte also die Zobelmütze auf, ergriff seinen Stock und rief, indem er dreimal damit auf den Fußboden stieß, mit lauter Stimme: ›Sara, Tochter Leas, sprich!‹

Das Mädchen schwieg.

›Sara, Tochter Leas, ich befehle dir, sprich!‹

Das Mädchen schwieg.

Als nun Sara, die Tochter Leas, zum drittenmal seine Worte mißachtete, wurde der Rabbi – leben soll er! – sehr zornig, und er rief: ›Da du so eigensinnig bist, soll dein ungehorsamer Mund bis zu deinem Tode stumm bleiben!‹

Und was soll ich euch sagen? Die Worte Rabbi Elchanans aus Bobrka – ewig leben soll er! – sind wie immer in Erfüllung gegangen: Das Mädchen ist bis auf den heutigen Tag stumm und stocktaub.«

Wie ihr wißt, konnte der Rabbi aus Wassilkow Tote zum Leben erwecken und Lebende zu Tode bringen, und mit dem Herrgott unterhielt er sich wie – mit Verlaub sei's gesagt – ich mit dir.

Eines Tages kam der Rabbi in das Städtchen Monasterzyska und wollte in einem Gasthof übernachten.

»Aj, wir haben keine freien Betten«, rechtfertigte sich der Wirt.

»Was heißt, ihr habt keine freien Betten? Der Rabbi befiehlt es euch!«

»Befehlen kann er! Aber heute ist Markttag, und alle Betten sind besetzt …«

»Wenn es so ist«, rief der Rabbi aus Wassilkow zornig, »dann mögen dein sündiger Gasthof und diese nichtswürdige Stadt abbrennen!«

Was soll ich euch sagen! Kaum hatte der Rabbi diese bösen Worte ausgesprochen, erfaßte alle das Entsetzen. Die Menschen packten hastig ihre Bündel und suchten das Weite. So wurde Platz im Gasthof.

Unser Ältestenrat jedoch unternahm einen letzten Versuch, den Zaddik umzustimmen.

»Aj, Rebbe, Rebbe, so habt doch Mitleid mit den Krüppeln, mit den Frauen und den unschuldigen Kindern!« flehten sie ihn an.

Der Zaddik schwieg lange, schließlich überwand er seinen Zorn und sprach: »Obwohl ich den Engel des Feuers bereits ausgesandt habe, werde ich ihn zur Umkehr bewegen. Diese Stadt soll nicht den Flammen zum Opfer fallen!«

Und wirklich – die Stadt blieb unversehrt.

Ein solches Wunder konnte nur der Rabbi aus Wassilkow vollbringen!

Ein Chassid berichtet:

»Ich möchte euch eine Geschichte erzählen, die sich in unserer Stadt am hohen Festtag des Jom Kippur zugetragen hat. Wir treten nach dem Abendgebet aus der Synagoge. Der Mond scheint, und aus dem Munde des Zaddiks kommen Worte ... Aj, was sage ich da – Worte ... Lauter kostbare Perlen kommen hervor. Plötzlich sehen wir: In einer Mauernische der Synagoge steht Srul mit einem Christenmädchen. Was soll ich euch viel erzählen! Der Rabbi hat das Mädchen nur angesehen, da lief es ihr kalt über den Rücken …

›Du Schurke, du ungläubiger Halunke!‹ ruft der Zaddik mit furchtbarer Stimme dem Burschen zu. ›Fürchtest du gar nicht unseren Herrgott? Wie kannst du es wagen?! Heute, am Versöhnungstag …!‹

›Rabbi!‹ antwortet ihm Srul und lächelt dümmlich. ›Brauch ich das Mädchen etwa – gottbewahre – für heute? Ich habe mich doch gerade mit ihr, falls der Herrgott es uns erleben läßt, für das Laubhüttenfest verabredet …‹ «

Ein armer Chassid kommt weinend zum Zaddik und klagt ihm sein Leid.

»Rabbi, Pessach steht vor der Tür, und ich habe nicht einen Kreuzer für Mazze.«

»Sorge dich nicht, guter Mann«, beruhigt ihn der Rabbi. »Du wirst bestimmt deine Mazze haben!«

Der Chassid kehrt beruhigt nach Hause zurück. Es vergeht eine Woche, eine zweite, das Fest steht unmittelbar bevor, doch an Geld ist nicht zu denken. So versetzt der Unglückliche seinen einzigen Silberleuchter und kauft Mazze.

Nach dem Fest spricht der Chassid den Zaddik wieder an, und seine Stimme klingt vorwurfsvoll:

»Seid mir nicht böse, Rebbe, aber Eure Worte haben sich nicht erfüllt. Ich mußte meinen Silberleuchter versetzen, um mir Mazze kaufen zu können.«

Darauf der Zaddik: »Und du wagst es, an der Wahrheit meiner Worte zu zweifeln? Hatte ich dir nicht vorausgesagt, daß du deine Mazze haben wirst?!«

Eine Unterhaltung zwischen einem Pfarrer und einem Chassid:

»Ihr Juden seid ein merkwürdiges Volk. Ihr glaubt nicht an die Auferstehung unseres Herrn Jesus Christus, aber ihr glaubt, daß euer Wunderrabbi auf einem Taschentuch den Teich überquert hat.«

»Nu, warum sollen wir nicht glauben, wenn es doch wahr ist?!«

Drei Chassidim aus Galizien brüsten sich mit der Popularität ihrer Zaddikim.

»Also«, beginnt der erste, »in der Wiener Philharmonie fand ein Konzert statt, und dirigieren sollte dieser … na, wie heißt er doch gleich … Toscanini. Das Publikum wurde schon unruhig, weil das Konzert so lange nicht anfing. Und was glaubt ihr, auf wen sie gewartet haben? Auf den Zaddik von Husiatyn!«

»Was ist das schon?« meinte der zweite. »Als in Budapest Kaiser Karl der Erste zum König von Ungarn gekrönt wurde, wartete man mit dem Beginn der Feierlichkeit bis zum Eintreffen unseres Zaddiks, des Rabbis von Sadogora.«

»Na und?« entgegnete darauf der dritte. »Als unser Rabbi aus Czortków in Rom weilte, stattete er dem Papst persönlich einen Besuch ab. Nach der Audienz brachte der Papst, wie sich das gehört, seinen Gast mit der Kutsche zum Hotel. Und was soll ich euch sagen? Die Leute auf der Straße blieben stehen und fragten einer den anderen: ›Wer ist denn dieser Geistliche, der neben dem Zaddik aus Czortków sitzt?‹ «

Ein Chassid berichtet seinem Nachbarn von einem sensationellen Ereignis.

»Hast du schon gehört? Im Wald bei Kossowo ist ein Wunder geschehen! Ein Holzfäller fand unter einem Baum einen nur wenige Wochen alten Säugling. Da er von Natur aus ein guter Mensch war, überlegte er lange, wie er das Kind vor dem Hungertod bewahren könnte. Und da geschah das Wunder! Dem Holzfäller wuchsen Brüste, und er hatte auch genügend Milch, um den Findling stillen zu können …«

»Das verstehe ich nicht«, wandte der skeptische Nachbar ein. »Der Allmächtige hätte es doch so einrichten können, daß sich eine bezahlte Amme um den Säugling kümmert!«

»Ach, du kleingläubiger Mensch! Was gibt es da zu verstehen? Warum soll der Herrgott Geld ausgeben, wenn er einfach ein Wunder geschehen lassen kann?!«

Der erste Weltkrieg dauert schon drei Jahre. Zum Zaddik aus Sadogora kommt ein Chassid und klagt ihm sein Leid: »Rebbe! Ich muß täglich damit rechnen, daß sie meinen Sohn zum Militär einziehen ...«

Der Zaddik beruhigt ihn: »Sorge dich nicht schon vorher, mein Sohn, und vergiß nicht: Im Leben eines jeden Juden gibt es immer zwei Möglichkeiten. Du begreifst nicht? Dann höre mir zu! Wenn dein Sohn vor die Einberufungskommission tritt, gibt es zwei Möglichkeiten – entweder sie ziehen ihn ein, oder sie ziehen ihn nicht ein. Ziehen sie ihn nicht ein, ist es gut. Ziehen sie ihn ein, gibt es zwei Möglichkeiten – entweder es gelingt ihm, zum Roten Kreuz zu kommen, oder er muß an die Front. Gelingt es ihm, zum Roten Kreuz zu kommen, ist es gut. Muß er an die Front, gibt es zwei Möglichkeiten – entweder er wird verwundet, oder er wird nicht verwundet. Wird er nicht verwundet, ist es gut. Wird er verwundet, gibt es zwei Möglichkeiten – entweder er wird schwer verwundet, oder er wird leicht verwundet. Wird er leicht verwundet, ist es gut. Wird er schwer verwundet, gibt es zwei Möglichkeiten – entweder er lebt weiter als

Invalide, oder er stirbt. Lebt er weiter als Invalide, ist es gut. Stirbt er, gibt es zwei Möglichkeiten – entweder sie beerdigen ihn auf einem jüdischen Friedhof oder in einem Massengrab. Beerdigen sie ihn auf einem jüdischen Friedhof, ist es gut. Beerdigen sie ihn in einem Massengrab, ohne Rabbiner und ohne Kantor – dann erst steht es wirklich schlecht um ihn ...!«

Rabbi Isaak aus Berditschew pflegte zu sagen: »Es gibt keinen Menschen, der frei von Sünde ist. Es besteht jedoch ein grundsätzlicher Unterschied zwischen einem Zaddik und einem gewöhnlichen Sünder. Der Zaddik weiß: Solange er lebt, sündigt er. Der gewöhnliche Sünder weiß: Solange er sündigt, lebt er.«

Der Maggid war ein Wanderprediger, der volkstümliche Reden hielt, vor allem vor Frauen. In der Regel weniger gebildet als zum Beispiel ein Rabbiner, wurde er oft zur Zielscheibe des Spotts.

Ein berühmter Maggid aus Charkow predigte einmal vor einer Gruppe von Männern: »Hört mir zu, fromme Juden! Es war einmal ein jüdischer Schneider, ein kräftiger junger Mann, gesund wie ein Fisch. Außerdem hatte ihm der Herrgott ein Häuschen gegeben, eine arbeitsame Frau und sieben Kinder.

Dieser gottesfürchtige Schneider also, der – wie ihr seht – nach dem Willen des Barmherzigen soviel Glück hatte, geriet auf den Pfad der Sünde. Er rauchte am Sabbat, hielt die Fastentage nicht ein, aß Schweinefleisch …

Bis er sich eines Tages mit einer Nadel in den Finger stach. Der Finger entzündete sich, der Arm schwoll an, er wurde blau und mußte ihm abgenommen werden. Doch der Schneider sündigte weiter und verstieß immer wieder gegen Gottes Gesetze. Und

was soll ich euch sagen, meine frommen Juden, nach wenigen Wochen verlor er den anderen Arm. Da er jedoch den Pfad des Bösen nicht verließ, griff der Wundbrand auf die Beine über, und man mußte dem Sünder beide Beine amputieren.

Doch er hörte nicht auf, den Herrn der Heerscharen zu beleidigen, und so kam ein noch größeres

Unglück über ihn: Die Häscher des Zaren – Gott bewahre uns davor – holten ihn zu den Soldaten, und er mußte noch fünfundzwanzig Jahre beim Militär dienen …«

TALMUDGELEHRTE UND TALMUDWEISHEIT

Jeder Jude befaßte sich von Kind an mit dem Studium der heiligen Schrift. Frauen und Mädchen waren im strenggläubigen Judentum von der Bildung ausgeschlossen. Schon 4- bis 5jährige Knaben lernten im Cheder am Bibeltext Hebräisch, dazu Aramäisch, die Schwestersprache des Hebräischen, in der auch Jesus predigte und in der Teile des nachbiblischen Schrifttums verfaßt sind. Begabtere Knaben besuchten dann die Jeschiwa, die Talmudhochschule. Nicht, um einen Abschluß zu erreichen, sondern, um tiefer in die Lehre einzudringen. Dabei entwickelte sich eine besondere Art des philosophischen Denkens, eine spezifische Form der Kasuistik, was nicht ohne Einfluß auf den jüdischen Witz, auf seine Schärfe und Brillanz blieb. Andererseits verspotteten unzählige jüdische Witze eben jene Art des Denkens und seine Vertreter, die –

statt sich ihrer fünf Sinne zu bedienen – häufig Gedankenakrobatik betrieben.

Der Talmudgelehrte Saul schreibt an seine Frau: »Liebe Rebekka! Wenn Du *Deinen* Brief lesen wirst ... Weshalb schreibe ich ›Deinen‹ Brief und nicht ›meinen‹? Wenn Du laut lesen würdest: *meinen* Brief, könntest Du annehmen, es sei *Dein* Brief. Deshalb schreibe ich, ›Dein Brief‹, damit Du weißt, es ist *mein* Brief ...«

Zwei Talmudschüler unterhalten sich: »Chajim, warum haben Fuhrleute einen schwarzen Bart, auch einen grauen, einen roten oder gelben, aber nie einen grünen?«

»Darüber muß ich erst nachdenken.«

»Chajim, warum spannt man ein Pferd immer mit dem Kopf nach vorn und mit dem Schwanz nach hinten an, aber nie umgekehrt?«

»Darüber muß ich erst nachdenken.«

Nach einer Weile heitert sich Chajims Miene auf.

»Scha!« ruft er. »Jetzt weiß ich's. Das eine wie das andere. Wenn der Bart des Fuhrmanns grün und das Pferd mit dem Kopf nach hinten angespannt wäre, könnt' es glauben, der Bart ist aus Gras, und ihn auffressen.«

David und Joel übernachten in einer Herberge. Sie können nicht einschlafen. David unterbricht das Schweigen.

»Joel, schläfst du?«

»Nein.«

»Dann laß uns überlegen.«

»Gut.«

»Joel, ist ein Vogel ein Kantor?«

»Ach wo!«

»Warum singt er dann?«

Es vergehen zehn Minuten.

»Joel, schläfst du?«

»Nein.«

»Dann laß uns überlegen.«

»Gut.«

»Joel, ist eine Ziege ein Rabbi?«

»Ach wo!«

»Warum hat sie dann einen Bart?«

Es vergehen zehn Minuten.

»Joel, schläfst du?«

»Nein, noch nicht.«

»Dann laß uns überlegen.«

»Gut.«

»Joel, kämmt sich ein Hahn?«

»Ach wo!«

»Warum hat er dann einen Kamm?«

Es vergehen wieder einige Minuten.

»Joel, schläfst du?«

»Nein.«

»Dann laß uns überlegen.«

»Gut.«

»Joel, ist diese Wanze dort – nein, etwas tiefer, ist die ein Feuerwehrmann?«

»Ach wo!«

»Warum kriecht sie dann an der Wand entlang?«

Drei Juden, Abraham, Jojne und Feiwel, haben Kohle in den gemeinsamen Keller gebracht. Nach beendeter Arbeit sehen sie einander aufmerksam an und brechen alle drei in ein schallendes Gelächter aus.

Feiwel, der Talmudist, kehrt in seine Wohnung zurück und überlegt: Abraham und Jojne waren schwarz im Gesicht. Wer weiß, vielleicht hab' auch ich mich schmutzig gemacht? Nun, das läßt sich klären: Abraham hat über Jojne gelacht und Jojne über Abraham. Daß mein Lachen sie nicht verwundert hat, ist verständlich. Jeder von ihnen glaubte, ich lache über den anderen. Doch warum hat Abraham sich nicht gewundert, daß Jojne lacht, und warum hat Jojne sich nicht gewundert, daß Abraham lacht? Keiner von ihnen konnte doch wissen, daß er ebenfalls schwarz im Gesicht ist …

Daraus folgt, daß auch ich schwarz bin im Gesicht!

Ich kannte in Lemberg einen Medizinstudenten, einen ehemaligen Talmudschüler, der behauptete: »Wenn man mich vor die Wahl stellte, ob ich lieber lungenkrank wäre oder Millionär, würde ich mich für die Lungenkrankheit entscheiden.«

»Und warum?« fragte ich.

»Weil die Millionäre alle sterben, und von den Lungenkranken sterben nur siebenunddreißig Prozent.«

Frojme, der zu philosophischen Erwägungen neigt, kann nicht einschlafen. Ein Floh setzt ihm zu. Schließlich ist seine Geduld erschöpft.

»Hör mal, du Floh!« sagt er. »Was soll das? Bist du nun gesund oder krank? Bist du gesund – was tust du dann im Bett? Bist du krank – wieso hüpfst du herum ...?«

Die Juden im Bethaus sprechen über Einsteins Relativitätstheorie.

»Eins kann ich nicht verstehen«, bekennt Todros. »Wie können zwei Dinge gleich und doch verschieden sein?«

»Das will ich dir erklären«, meldet sich Jossel zu Wort. »Von Warschau nach Łódź fährt man zwei Stunden, stimmt's? Und wie lange fährt man von Łódź nach Warschau? Auch zwei Stunden. Du verstehst? Und nun paß auf: Von Purim bis Pessach ist es ein Monat, aber von Pessach bis Purim, da sind es elf Monate! Du verstehst?«

Der Schüler einer Jeschiwa, einer höheren Talmudschule, sagte einmal zu seinem Mitschüler: »Weißt du, nach langem Überlegen bin ich zu dem Schluß gekommen, daß das seltsamste Getränk auf der Welt eine Tasse Kaffee ist.«

»Wieso gerade eine Tasse Kaffee?«

»Zuerst schüttet man Kaffee hinein, damit das Getränk schwarz wird. Man gießt Milch hinzu, damit es weiß wird. Man gibt Zichorie dazu, damit es bitter wird, und dann tut man Zucker hinein, damit es süß wird. Schließlich erhitzt man das Getränk, damit es heiß wird, und dann pustet man darauf, damit es kalt wird.«

Motel und Kopel begegnen sich nach Jahren wieder, und Motel erkundigt sich, wie es dem Freund, den er so lange nicht gesehen hat, jetzt geht.

»Weder gut noch schlecht«, antwortet Kopel. »Man lebt.«

»Wie soll ich das verstehn?«

»Vor drei Jahren ist mein Haus abgebrannt ...«

»Dein Haus ist abgebrannt? Das ist schlecht!«

»Nu, so schlecht ist das nicht. Man hat mir die Versicherungsprämie ausgezahlt, und ich hab' mir ein neues, einstöckiges gebaut.«

»Das ist gut!«

»So gut ist das nicht. Vor zwei Jahren ist meine Frau gestorben.«

»Deine Frau ist gestorben? Das ist schlecht!«

»So schlecht ist das nicht. Ein Jahr später habe ich ein hübsches, junges Mädchen geheiratet ...«

»Das ist gut!«

»Ganz so gut ist das nicht. Uns gegenüber wohnt ein Dragoneroffizier. Und wenn ich in Geschäften nach Warschau fahre, sitzt er bei meiner Frau ...«

»Aj, so eine Schande! Das ist schlecht!«

»Nu, ganz so schlecht ist das nicht. Wenn der Rittmeister ins Manöver zieht, verbringe ich ganze Abende bei seiner jungen Frau ...«

»Das ist wieder gut!«

»Sag ich doch: Es geht weder gut noch schlecht. Man lebt.«

FEIERTAGE UND RITEN

Am Sabbat ist körperliche Arbeit verboten, auch das Fahren oder das Entzünden von Feuer (also auch das Rauchen). An einigen hohen Feiertagen – vor allem am Versöhnungstag (Jom Kippur) – muß gefastet werden. Außerdem gibt es strenge Speisevorschriften. Die Speisen müssen koscher sein, d. h. der Ritualvorschrift entsprechen. Das Gegenteil von »koscher« ist »trejfe« (unrein).

In früheren Zeiten waren hebräische Kalender eine Seltenheit, so daß es für Juden, die weit entfernt von einem Städtchen wohnten, recht schwierig war, zwischen einem gewöhnlichen Wochentag und einem jüdischen Feiertag zu unterscheiden.

Ein gewisser Schankwirt jedoch, der in einem ukrainischen Dorf wohnte, hatte damit keine Schwierigkeiten. Er achtete einfach darauf, was sein Kutscher Hawrilo an jedem Tag aß. Aß er kein Fleisch, so konnte man sich darauf verlassen, daß es Freitag war und man sich auf das Sabbatmahl vorbereiten mußte.

Eines Tages nun fährt unser Gastwirt ins Städtchen, um Butter und Käse zu verkaufen. Als er dort ankommt, traut er seinen Augen nicht: Die Geschäfte sind geschlossen, die Juden spazieren in seidenen Kapoten umher, Fuchsmützen auf dem Kopf.

Bei seinem Anblick stürzen ein paar bärtige Juden herbei, umringen das Fuhrwerk und schreien: »Ach, du Sünder! Ach, du Philister! Am hellichten Tag beleidigst du unseren Herrgott?!«

»Aj«, fragt der Schankwirt erstaunt, »ist denn heute Schabbes?«

»Freilich ist heute Schabbes!« antwortet man ihm im Chor.

Der Schankwirt faßt sich an den Kopf.

»Aj, aj, aj! Da hat mich mein Hawrilo aber geleimt! Stellt euch vor: Der hat gestern ein Viertelliterchen Schnaps getrunken und dazu Fleischpiroggen gegessen …!«

Der Zug hält auf einer kleinen ungarischen Station. An den Waggons geht ein Pikkolo aus dem Bahnhofrestaurant entlang und preist schmackhafte, heiße Würstchen an.

»Ach, wie schade, daß die Würstchen trejfe sind«, meint Jojne seufzend, »Ich hab' ja so'n Appetit!«

»Unsinn!« entgegnet Itzig. »Ich werde dir gleich beweisen, daß es unsere koscheren Würstchen sind.«

Er ruft den Pikkolo herbei und fragt ihn streng: »Sag mal, Junge! Verkaufst du unreine Würstchen?«

Der Junge starrt ihn verwundert an. »Nein, mein Herr«, antwortet er.

Da wendet sich Itzig triumphierend zu seinem frommen Kollegen um. »Nun«, sagt er, »hatte ich nicht recht?«

Das Jom-Kippur-Fest ist beendet. Auf dem Heimweg von der Synagoge belehrt Leiser seine Familie: »Nach dem vierundzwanzigstündigen Fasten darf man sich nicht gleich auf das Essen stürzen. Das ist ungesund. Man sollte noch etwa zehn Minuten warten!«

Der Handlungsreisende Nuta Malz kommt zum Rabbi, Sorgenfalten auf der Stirn, sein Gesicht drückt Trauer und Reue aus.

»Rebbe!« ruft er schon in der Tür. »Welche Buße erlegt Ihr mir auf? Ich habe mir vor dem Essen nicht die Hände gewaschen!«

»Und weshalb hast du dir nicht die Hände gewaschen?«

»Ich hab' mich geschämt. Ich war in einer christlichen Gaststätte.«

»Du Sünder! Wie konntest du unkoschere Speisen essen?!«

»Rebbe, was sollte ich tun? Es war am Fastentag des Jom Kippur. Da sind doch alle jüdischen Gaststätten geschlossen!«

Die religiösen Juden hatten mit dem Gregorianischen Kalender zuweilen ihre Schwierigkeiten. Wenn sie jemandem erklären wollten, an welchem Tag etwas stattgefunden hatte, beriefen sie sich häufig auf jüdische Feiertage, die an große Ereignisse aus der Bibel erinnern.

Die Ehefrau eines reichen Chassiden, die sich die verschiedensten Krankheiten eingeredet hat, konsultiert den berühmten Internisten Professor Wenkenbach.

Nachdem der Arzt die Patientin untersucht hat, fragt er sie: »Haben Sie Schmerzen?«

»O ja …«

»Wo, an welcher Stelle?«

Die Hypochonderin weist auf ihre rechte Seite.

»Seit wann?«

»Seit Tischa be Aw.«

»Verstehe ich nicht.«

»Was gibt es da zu verstehen?« wundert sich die Jüdin. »Seit Tischa be Aw eben!«

Professor Wenkenbach, der sich im Kalendarium der jüdischen Feiertage nicht sonderlich auskennt, ruft seinen ehemaligen Assistenten, Dozent Herz, an.

»Herr Kollege, sagen Sie mir doch bitte, was Tischa be Aw bedeutet.«

»Tischa be Aw ist der Tag der Tempelzerstörung in Jerusalem.«

Der Professor legt den Hörer auf und wendet sich mit einem Lächeln an die Patientin: »Sie haben also Ihre Schmerzen seit der Tempelzerstörung? Da werde ich Ihnen kaum helfen können, meine Dame. Ihre Krankheit ist dann schon chronisch …«

Fischel Donauer ist aus Wien zurückgekehrt. Abends, im Bethaus, erzählt er wahre Wunder über die Donaumetropole. Am fünften Abend berichtet er über Beerdigungen.

»Was soll ich viel erzählen? Wenn ein ganz großer Herr stirbt – sagen wir Rothschild –, ach, was ist da für'n Wetter! Der schönste Sonnenschein! Der Leichenwagen fährt durch die Straßen, von drei Paar schwarzer Pferde gezogen, und hinten an dem Leichenwagen baumelt eine große Lampe … Stirbt ein anderer reicher Mann, kein Rothschild, aber ein Reicher, dann ist auch noch schönes Wetter, aber es ist nicht mehr ganz so schön. Und der Leichenwagen wird nur von zwei Paar Pferden gezogen, und auch die Lampe baumelt nicht mehr so … Stirbt ein gewöhnlicher Mensch, dann ist der Himmel bewölkt, und den Leichenwagen zieht nur ein Paar Pferde …«

»Und wenn ein armer Mann stirbt?« erkundigt sich ein neugieriger Zuhörer.

»Was für 'ne dumme Frage! Wenn ein armer Mann stirbt, dann gießt es in Strömen, der Tote geht ganz allein, ohne Sarg, nur zwei Juden von der ›Begräbnisbruderschaft‹ führen ihn zum Friedhof ...«

Der wohlhabende Uscher hat einen Internisten kommen lassen. »Koscheres Fleisch mit schwerverdaulichem Gänseschmalz gebraten, schadet Ihnen entschieden«, sagt der Arzt warnend. »Ich empfehle Kalbfleisch, in frischer Butter gedünstet.«

»Herr Doktor«, sträubt sich der Kranke, »wir Juden können doch nicht alle paar tausend Jahre unsere Diät ändern!«

Am letzten Tag des Laubhüttenfestes findet in der Synagoge eine ungewöhnliche Versteigerung statt. Jeder Jude kann für Geld (das dann der Gemeinde zugute kommt) das Recht erwerben, den wöchentlichen Abschnitt aus der Tora laut vorzulesen.

Angelockt von dem Geschrei, betritt Baron Sparwitz die Synagoge. Im selben Augenblick ertönt die Baßstimme seines Verwalters: »Herr Kohn – zwanzig Mark zum ersten!«

Ohne lange zu überlegen, überbietet der Baron den Preis.

»Hundert Mark!«

Die Juden verstummen, und der Verwalter, der den Baron aufklären möchte, wendet ein: »Aber Herr Baron wissen ja gar nicht, worum es sich handelt …«

»Macht nichts!« schneidet Sparwitz ihm das Wort ab. »Wenn der Kohn zwanzig Mark bietet, dann ist die Ware bestimmt hundert Mark wert!«

CHEDER, MELAMED UND RELIGIONSLEHRER

Melamed – Lehrer an einer jüdischen Elementarschule, dem Cheder. Unterrichtete die Jüngsten, Knaben vom 4. oder 5. Lebensjahr an. Lebte meist in Armut, seine Bildung war beschränkt.

Über den Melamed war folgende Redensart in Umlauf:

Zuerst versteckt sich vor dem Melamed der Schüler. Wenn der Zahltag kommt, versteckt sich vor ihm der Vater. Schließlich, wenn der Vater sich davon überzeugen will, was sein Sohn gelernt hat, versteckt sich der Melamed.

Ein reicher Mann engagierte einen frommen Melamed als Hauslehrer, der seinem Söhnchen das hebräische Alphabet und die notwendigen Gebete beibringen sollte. Doch das Söhnchen war nicht sonderlich begabt und obendrein noch faul. Es zeigte wenig Lust, die exotischen Buchstaben zu erlernen.

Eines Tages kommt der Vater in das Zimmer seines Sohnes und stellt erstaunt fest, daß der Melamed dem Jungen das Totengebet für die verstorbenen Eltern beibringt.

»Reb Jankl!« ruft er zornig. »Was lehrt Ihr meinen Sohn Kaddisch?! Ich lebe doch, Gott sei's gedankt, noch!«

»Beruhigt Euch, Herr«, entgegnet ihm der Melamed gelassen. »Ich wünsch' Euch, so lange zu leben, wie Euer Sohn Kaddisch lernen wird!«

Der Religionslehrer wendet sich an seine Schüler: »Wie hieß die Frau des Königs Ahasveros – na, die, welche die Juden vor dem sicheren Tod durch die Büttel des Haman rettete?«

Schweigen.

Der Lehrer tritt zu einem der Mädchen, das mit Vornamen Esther heißt und sagt: »Du solltest das doch wissen. Sie hieß genau so wie du. Nun, wie hieß die Frau des Ahasveros?«

»Pineles«, antwortet das Mädchen.

Der Religionslehrer preist Gottes unendliche Güte: »Wenn zum Beispiel einer unserer Sinne gelitten hat, so sorgt unser Herrgott sogleich dafür, daß die anderen Sinne vollkommener werden. So hat zum Beispiel ein Blinder einen hochentwickelten Tastsinn und ein gutes Gehör. Vielleicht weiß einer von euch ein anderes Beispiel?«

Da meldet sich der kleine David: »Mein Onkel hat ein kürzeres linkes Bein. Dafür ist das rechte länger.«

Der Melamed Reb Zajnwel erhält einen Brief von seinem Sohn.

»Was schreibt denn unser Awrumele?« erkundigt sich die Mutter.

»Ach, ach, ach! Seine Schwiegermutter – gesegnet sei ihr Andenken – ist gestorben. Seine Frau hat sich ein Bein gebrochen. Das Kind ist krank. Das Häuschen fällt fast zusammen, und die Geschäfte gehen überhaupt nicht ... Aber der Brief, der ist in einem Hebräisch geschrieben! Es macht Spaß, ihn zu lesen ...«

Bekanntlich ernährten sich die Juden in der Wüste von Manna, die, wie die Schrift erwähnt, nach Honig und »Zapichit« – einer unbekannten Köstlichkeit – schmeckte.

Als die Schüler eines Cheders beim Studium des Buches Exodus auf diesen dunklen Begriff stoßen, fragt der vorwitzige Berek den Melamed: »Rebbe, was bedeutet das Wort ›Zapichit‹?«

Der Melamed weiß nicht, daß selbst die größten Gelehrten diese Frage nicht beantworten können, und versucht deshalb auszuweichen. »Paß auf, Berek«, erklärt er ihm. »Als die Juden in der Wüste waren, gingen ihnen die Vorräte aus. Da bescherte ihnen der Herr das Manna, und das schmeckte wie ›Zapichit‹ und Honig.«

»Das verstehe ich ja!« ruft Berek. »Ich weiß nur nicht, was ›Zapichit‹ ist ...«

»Wieso weißt du das nicht? Das ist doch ganz einfach! Hör zu. Die Söhne unseres Urvaters Jakob waren nach Ägypten gezogen, wo ihr Bruder Joseph der Statthalter des Pharaos war. Zunächst ging es ihnen gut, doch dann kam ein neuer Pharao, und der unterdrückte die Juden sehr. Deshalb führte Moses sie hinaus in die Wüste, wo ihnen die Vorräte ausgingen. Also ließ der Herr das Manna herabregnen, und das schmeckte wie ›Zapichit‹ und Honig ...«

»Das verstehe ich ja«, beharrt der Schüler, »aber was ist ›Zapichit‹?« Der Melamed wischt sich den Schweiß von der Stirn.

»Uff«, sagt er, »wie kann man nur so vernagelt sein! Also, paß auf! Nach dem Turmbau von Babel zerstreuten sich die Menschen in alle Welt. Abraham kam dabei nach Ur, und von dort aus zog er mit seiner Sippe nach Kanaan. Doch dort brach eine Hungersnot aus, und so gingen die Söhne unseres Urvaters Jakob, des Enkels unseres Urvaters Abraham, nach Ägypten, um Getreide zu kaufen. Dort erkannte sie ihr Bruder Joseph, der wunderbarerweise zu großer Macht gelangt war, und ließ die ganze Familie nach Ägypten kommen. Doch später herrschte in Ägypten ein böser Pharao, der die Juden unterdrückte, und so führte Moses sie hinaus aus Ägypten. Aber in der Wüste litten sie Hunger, und so bescherte der Herr ihnen Manna, und dieses Manna schmeckte wie ›Zapichit‹ und Honig ...«

»Das hab' ich ja verstanden!« ruft Berek weinerlich. »Nur was ›Zapichit‹ ist, weiß ich nicht ...«

»Berek«, sagt der Melamed völlig erschöpft, »ich will es dir noch einmal erklären. Aber merk dir das jetzt ein für allemal: Der Herr schuf in sechs Tagen Himmel und Erde. Und Adam und Eva waren die ersten

Menschen und lebten im Paradies, bis sie sündigten. Da wurden sie aus dem Paradies vertrieben. Aber ihre Nachkommen sündigten weiter, deshalb schickte der Herr die Sintflut, und nur Noah konnte sich retten. Trotzdem sündigten die Menschen weiter und wollten einen Turm bauen bis hinauf zum Himmel. Da verwirrte sich ihnen die Sprache, und sie zerstreuten sich über die ganze Welt. Abraham zog nach Ur und von dort nach Kanaan. Und als eine Hungersnot ausbrach, zogen die Söhne unseres Erzvaters Jakob ins Ägyptenland, wo ihr Bruder Joseph der Statthalter war. Anfangs ging es ihnen gut, doch in späteren Jahren quälte sie ein neuer, böser Pharao sehr. Da führte Moses sie in die Wüste, und dort hatten sie nichts mehr zu essen, also schickte der Herr ihnen das Manna, und das schmeckte wie ›Zapichit‹ und Honig …«

Berek kann nun die Tränen nicht mehr zurückhalten. »Ja, Rebbe«, ruft er schluchzend, »aber was ist denn dieses ›Zapichit‹?!«

Der Melamed läuft rot an vor Zorn.

»Ach, du Nichtsnutz, du verwünschter«, ruft er. »Was willst du denn noch? Soll ich dir vielleicht erzählen, was vor der Erschaffung der Welt gewesen ist?!«

EIN GANG DURCH DAS SCHTETL

Ein kleiner Junge liest auf den Grabsteinen eines jüdischen Friedhofs die Lobeshymnen über die dort ruhenden Toten. Schließlich wendet er sich an seinen Vater und erklärt ernst: »Tate, ich möchte ein Dieb werden.«

»Pfui! Itzig, was redest du da?!« ruft der Vater entsetzt. »So ein dummes Kind! Wie kommst du bloß auf so etwas?«

»Tate, ich möchte aber ein Dieb werden. Denn Diebe sterben nicht!«

Pessel hat auf dem Markt eingekauft. Auf dem Heimweg begegnet sie ihrer Nachbarin Sara.

»Hast du schon die traurige Nachricht gehört?« fragt Sara.

»Welche Nachricht? Was ist geschehen?«

»Golde ist gestorben.«

»Golde? Welche Golde?«

»Die Frau des Klempners.«

»Warte ... Halt mal den Korb!«

Nun, von ihrer Last befreit, ruft Pessel händeringend: »Oh, wehe mir! Golde ist gestorben! Eine so gute, so ehrliche, so gottesfürchtige, so koschere Jüdin! ... Aber, sag mal, Sara! Golde? Die Frau des Klempners? Welchen Klempner meinst du denn?«

Es ist Freitag. Am Stand der Fischhändlerin Gitl hat sich eine stattliche Anzahl Kauflustiger versammelt. Besonders eifrig macht sich an dem Bottich mit den Fischen ein Jude im Kaftan zu schaffen. Alle Augenblicke bückt er sich, begutachtet einen Fisch und fragt nach dem Preis. Schließlich entfernt er sich ruhig zum Marktplatz hin.

Gitl läuft ihm hinterher, packt ihn am Ärmel und ruft: »He, Ihr! Entweder Ihr zieht Euch einen längeren Kaftan an, oder Ihr stehlt kürzere Fische …!«

Unter den Hofmusikanten meiner Heimatstadt nahmen drei »Instrumentalisten« den ersten Rang ein: ein Leierkastenmann, ein buckliger Geiger und ein Individuum mit einem Kupfertablett für milde Gaben.

Eines Tages fragte ich den Leierkastenmann, woher sie die Gewißheit nehmen, daß ihr Sammelbruder sie nicht bestiehlt.

»Bestehlen? Uns?« erwiderte der Leierkastenmann erstaunt. »Sehen wir so naiv aus? Bevor wir ihn sammeln lassen, geben wir ihm in die rechte Hand das Tablett und in die linke – drei lebendige Fliegen. Zum Schluß zählen wir nicht das Geld auf dem Tablett, sondern die Fliegen in seiner Hand …«

Ein Jude aus der Provinz meldet sich in Lwów und bittet um Arbeitslosenunterstützung.

»Was sind Sie von Beruf?« fragt der Beamte.

»Ich bin Großwildjäger.«

»Und wo wohnen Sie?«

»In Grodek.«

»Dort gibt es doch gar keine wilden Tiere!«

»Nu, deshalb bin ich ja auch arbeitslos.«

In einem Restaurant in Kolomyja nimmt ein Gast an einem der Tische Platz. Der Ober reicht ihm die Speisekarte.

Der Gast bestellt sofort, ohne auch nur einen Blick auf die Speisekarte zu werfen: »Bringen Sie mir bitte Brühe mit Nudeln, Kalbsbraten mit Möhren und Pflaumenkompott.«

Der Ober kann sein Erstaunen nicht verbergen: »Der Herr kennt unsere Speisekarte auswendig?«

»Auswendig? Nein«, entgegnet der Gast, »ich habe alles von der Tischdecke abgelesen.«

Auf dem Marktplatz von Stanisławów steht, umgeben von einer Menschenmenge, der Schuster Aaron Kapaun. Bald faßt er sich an den Kopf, bald sucht er nervös in seinen Taschen und lamentiert: »Gewalt geschrien! Man hat mich bestohlen! Man hat mich erdolcht und ermordet! Heute morgen noch hatte ich mein Geld in der Tasche! Ganz bestimmt hatte ich es in der Tasche! Mein Geld ist weg!«

»Aaron!« ruft ihm jemand aus der Menge zu. »Schaut doch noch mal in Euren Taschen nach!«

Aaron tastet mit raschen, fahrigen Bewegungen seine Kleidung ab.

»Es ist nicht da, 's ist fort!«

»Aaron«, bemerkt jemand, »Ihr habt noch nicht in der Gesäßtasche nachgesehen!«

Kapaun wirft dem Mann einen feindseligen Blick zu. »Auch 'ne Idee!« entgegnet er unwirsch. »Wie kann ich dort nachsehen? Seh ich nach, und das Geld ist nicht da, bin ich ganz und gar ruiniert ...«

Der Fuhrmann Leiser fluchte gewöhnlich, was das Zeug hielt.

Eines Tages sollte er den Rabbi in die Gouvernementsstadt bringen. Der gutherzige Seelsorger versprach dem hitzköpfigen Fuhrmann sechs Rubel statt der ihm zustehenden drei, falls er sich während der ganzen Fahrt anstößiger Ausdrücke enthalte und das Fluchen vermeide.

Kaum hatten sie dem Städtchen den Rücken gekehrt, da kam ihnen ein Veloziped entgegen, und die Pferde scheuten.

»Aj, daß euch doch ...«, begann der Fuhrmann, rief sich jedoch selbst zur Ordnung: »Scha, sechs Rubel sind ein Haufen Geld!«

Als der Weg bergab führte, klemmte eine Bremse.

»Aj, daß dich doch …«, wollte Leiser losschreien, besann sich jedoch noch rechtzeitig: »Scha, sechs Rubel sind viel Geld!«

Zwei Meilen vor dem Ziel löste sich ein Hinterrad, und der Wagen blieb im Schlamm stecken.

Der Fuhrmann sprang vom Wagen und schrie, außer sich vor Wut: »Der Schlag soll euch treffen, ihr Krüppel! Die Beine sollt ihr euch brechen! Ich weiß, daß sechs Rubel viel Geld sind, aber meine Gesundheit ist mir mehr wert!«

Die Frau des Rabbiners begibt sich am Freitagnachmittag in die Badeanstalt, wo sie lange warten muß, da alle Wannen besetzt sind.

Nach einer Weile erscheint, ganz in Seide gehüllt, eine stadtbekannte Liebesdienerin, für die sofort ein Bad bereitet wird. Empört geht die Frau des Rabbiners zum Leiter der Badeanstalt und macht ihm Vorhaltungen. Doch der zuckt nur bedauernd die Schultern.

»Das müßt Ihr verstehen«, beschwichtigt er sie. »Auf Euch wartet nur unser verehrter Rabbi – gesund soll er sein –, auf dieses Mädchen jedoch die ganze Stadt!«

In dem gottverlassenen jüdischen Städtchen Kasrilowka, in der Nähe des Marktplatzes, taucht ein Fremder auf.

»Sagen Sie mir, mein Lieber, wo wohnt hier Doktor Blaukraut?«

»Wie? Hab' nicht verstanden. Was für 'n Kraut?«

»Doktor Blaukraut.«

»Ach, Doktor Blaukraut? Warum sagen Sie das nicht gleich? Selbstverständlich! Moment mal ... Blaukraut ... Ein bekannter Name. Moment, Moment ... Muß es denn unbedingt Doktor Blaukraut sein? Ein anderer Doktor geht nicht? Wir haben hier Doktoren noch und noch! Schon in dieser Straße wohnt einer. Was sage ich – einer? Zweie wohnen hier! Ein richtiger Doktor und ein Zahnarzt. Und dort gegenüber wohnt ebenfalls ein Doktor. Bei uns gibt es Unmengen von Doktoren, denn unsere Leute sind – unberufen – sehr oft krank ... Um was für einen Doktor geht es Ihnen also, mein Lieber?«

»Um Doktor Blaukraut. Ich will in einer persönlichen Angelegenheit zu ihm ...«

»Scha! Ich verstehe. Es handelt sich um Ihre Frau?! ... Warum sagen Sie das nicht gleich? Da, dort drüben! Dort wohnt ein Frauenarzt. Ein kluger Doktor. Unsere Frauen können ihn nicht genug loben! Heutzutage ist es Mode, daß es für jede Krankheit einen anderen Doktor gibt. Einen Doktor für Bauchschmerzen, einen für die Lungen, einen für die

Zähne, einen für die Kinder und einen für Pipi … Wie heißt also Ihr Doktor?«

»Doktor Blaukraut. Aber ich muß ihn in einer ganz anderen Angelegenheit sprechen …«

»Aj, ich verstehe. Es handelt sich um eine Einberufung …? Nein? … So wollt Ihr jemanden verheiraten? Wußt' ich's doch gleich. Dazu braucht Ihr gar nicht diesen Doktor – wie heißt er gleich? Der kann da nicht helfen. Ich werde Euch einen Doktor geben, was soll ich viel reden, der reinste Zimmes … Was sage ich da – ein Doktor? Ein Professor! Der kennt sich mit allem aus: mit Bäuchen, mit Nerven, mit Zähnen … Die Frauen reißen sich um ihn! Das ist kein Doktor, das ist der Schatz der Königin von Saba!«

»Aber ich …«

»Was streitet Ihr mit mir? Es ist so, wie ich sage … Dort drüben, seht Ihr das weiße Haus?«

»Dort wohnt Doktor Blaukraut?«

»Was für ein Blaukraut? Dort wohnt Meir Toltschiner … Ein reicher Mann! Früher einmal ein armer Schlucker. Aber heute … Gott geb' uns seinen Wohlstand! … Nun, und der hat eine Tocher, häßlich wie die Sünde. Aber wenn man ihr Gesichtchen mit zehn- oder fünfzehntausend Rubel schmiert, kann man sich einen Doktor als Schwiegersohn leisten, einen Doktor aus Kiew sogar! Um die Wahrheit zu sagen – dieser Schwiegersohn hat bloß in Kiew studiert, er selbst ist ein Berditschewer Jingl, will sagen, er stammt aus Berditschew …«

»Gott der Gerechte! So hören Sie doch! Ich brauche keinen Arzt, und meine Frau braucht ihn auch nicht! Ich muß nicht zum Militär, und ich will niemanden verheiraten! Ich suche nur Doktor Blaukraut, weil ich von ihm Geld zu kriegen habe! Geld für Brennholz ...«

»Für Brennholz? Aj, Gewalt geschrien! Alles, was ich diese und die vorige Nacht geträumt hab, möcht' ganz schnell auf die Köpfe meiner Feinde niedergehn, auf ihre Hände und auf beide Beine! Hat man so was schon gehört?! Einen fremden Menschen auf der Straße anzuhalten und eine Stunde lang auf ihn einzureden: Blaukraut und Blaukraut! ... Und wenn der Jude keine Zeit hat? Und wenn er in Eile ist, weil er sich ein paar Kopeken für 'n Schabbes verdienen will? ... Aber ich hab' gleich gesehn, daß Ihr mit Holz handelt ... Soviel Glück im Alter möcht' ich haben! Aj, diese Holzhändler – pfui, Teufel ...!«

(Nach einer Geschichte von Scholem Alechem)

DER HEIRATSVERMITTLER

Die Zwänge, unter denen das jüdische Leben stand, die strikte Einhaltung der religiösen Vorschriften brachten es mit sich, daß Liebesheiraten eine Seltenheit waren. Oft lernten sich die Brautleute erst unter dem Traubaldachin, der Chuppa, kennen. Die Ehen wurden von den Eltern gestiftet, wobei dem Heiratsvermittler eine entscheidende Rolle zufiel. Der jüdische Witz nimmt die sich daraus ergebenden Überspitzungen und Kuriositäten gern aufs Korn. Dabei ist kaum einmal der Heiratsvermittler selbst Zielscheibe des Spotts.

In meiner Heimatstadt gab es – lange vor Ausbruch des ersten Weltkrieges – ein Eheanbahnungsinstitut, das eine außerordentlich lebhafte Tätigkeit entwikkelte. Allerdings war dies ein Einmannbetrieb. Davon zeugte das Namensschild an der Tür der bescheidenen Wohnung: »Landesheiratsvermittler Ruben Jaker«.

Der hochgewachsene, knochige Jude mit dem rötlichen Bart war den ganzen lieben Tag über auf den Beinen. Er lief geschäftig auf dem Marktplatz umher, saß in Kaffeestuben, beobachtete die Bänke in den Grünanlagen. Er gab sich redlich Mühe, die Jugend beiderlei Geschlechts glücklich zu machen. Sein scharfes Auge wußte einen Kandidaten auf den ersten Blick einzuschätzen.

Bei diesem Meister seines Faches sprach eines Tages ein junger Mann vor. Nachdem er es sich in einem Sessel bequem gemacht hatte, zählte er an den Fingern seine bescheidenen Wünsche auf.

»Reb Jaker«, begann er, »mein Name wird Ihnen nicht unbekannt sein. Ich hoffe, Sie finden für mich die passende Braut. Also: Ich möchte, daß es ein Mädchen aus gutem Hause ist, daß sie hübsch ist, gebildet, daß sie eine große Mitgift bekommt und einen Beruf hat.«

Reb Ruben stieß eine Rauchwolke aus, versank in tiefes Nachdenken, dann tat er noch einen tiefen Zug und erklärte: »Hören Sie, junger Mann, aus diesen fünf Vorzügen, die Sie mir da aufgezählt haben, mache ich ohne weiteres fünf gute Partien.«

Ein Heiratsvermittler möchte die einzige Tochter eines der reichsten Männer der Kleinstadt unter die Haube bringen und zählt den Eltern die Vorzüge des künftigen Schwiegersohns auf.

»Der Jüngling ist vermögend und gebildet, Enkel eines Rabbiners. Ein Schatz, ein wahrer Schatz! Er hat nur einen winzigen Fehler: Er stottert …«

»Immer?« fragt die besorgte Mutter.

»Aber nein, gottbewahre!« beschwichtigt sie der Heiratsvermittler. »Nur, wenn er spricht …«

Ein gutaussehender junger Kaufmann erklärt jedem, der es hören will, daß er nur aus Liebe heiraten wird.

Bald darauf besucht ihn ein Heiratsvermittler.

»Sie möchten aus Liebe heiraten?« sagt er. »Also, hören Sie mir aufmerksam zu. Ich habe für Sie ein Mädchen mit zwanzigtausend Rubeln. Die einzige Tochter – nach dem Tode ihres Vaters erbt sie seine Fabrik. Außerdem hat sie einen reichen, kinderlosen Onkel. Nun? Wollen Sie mir vielleicht einreden, daß Sie sich in ein solches Mädchen nicht auf den ersten Blick verlieben?«

»Na, hören Sie!« entgegnet der Ehekandidat entrüstet. »Das Mädchen, mit dem Sie mich da verheiraten wollen, hinkt doch!«

»Nur mit der Ruhe, junger Mann, immer mit der Ruhe!« erwidert der Heiratsvermittler. »Stellen Sie sich vor, Sie hätten ein Mädchen geheiratet, gesund wie ein Fisch im Wasser. Und weiter? Wenige Monate nach der Hochzeit fällt Ihre Frau hin und bricht sich ein Bein. Du großer Gott, die Sorgen möcht' ich nicht haben! Sie müssen sie ins Krankenhaus bringen, einen Haufen Geld für Ärzte, Operationen und Arzneimittel ausgeben, und eine lahme Frau haben Sie trotzdem. Ich hingegen, ich vermittle Ihnen eine Frau, für die Sie sich alle diese Unkosten sparen können …«

Zu Reb Pinkas, einem wohlhabenden Fabrikanten aus Trembowla, kommt der Heiratsvermittler.

»Diesmal habe ich bestimmt den richtigen Mann für Eure Tochter gefunden!« verkündet er.

»Wer ist es denn?« erkundigt sich der Vater.

»Der älteste Sohn von Jojne Schnitmacher.«

»Jossel Schnitmacher? Dieser ungebildete Mensch?«

»Warum gleich ungebildet? Unter uns gesagt – Baron Rothschild kannte sich auch kaum im Talmud aus, und trotzdem hättet Ihr ihn zum Schwiegersohn genommen …«

»Na ja … Aber Schnitmacher hat doch nicht einen einzigen Heller!«

»Rabbi Meir aus Przemyślan hat ebenfalls in Armut gelebt, und trotzdem würdet Ihr ihn zum Schwiegersohn nehmen.«

»Na ja … Aber Jossel ist ein häßlicher Mensch, und er hat auch noch einen Buckel.«

Darauf der Heiratsvermittler lächelnd: »Aj, Reb Pinkas, Reb Pinkas! Ich hätte nicht gedacht, daß Ihr Wert legt auf solche Kleinigkeiten! Moses Mendelssohn war ebenfalls häßlich und hatte einen Buckel, und trotzdem würdet Ihr ihn zum Schwiegersohn nehmen ...«

Der Heiratsvermittler empfiehlt einem Jüngling ein wohlhabendes Mädchen.

Der Jüngling wehrt ab: »Aber die ist doch halb blind!«

»Und das hältst du für einen Fehler? Bedenk doch – du brauchst vor ihr nichts zu verbergen!«

»Aber sie ist auch fast taub!«

»So bedenk doch – sie wird deine Verwünschungen und Flüche nicht hören!«

»Außerdem hinkt sie!«

»Bedenk doch – sie wird dir nicht auf Schritt und Tritt folgen.«

»Und einen Buckel hat sie auch!«

»Nu sei aber gerecht, junger Mann! *Einen* Fehler darf sie ja wohl haben!«

Der Ehekandidat fragt den Heiratsvermittler: »Ist das Mädchen hübsch?«

»Es ist hübsch und reich.«

»Wieviel Rubelchen bekommt sie als Mitgift?«

»Für jedes Lebensjahr einen Hunderter.«
»Und wie alt ist sie?«
»Zwanzig.«
»Wissen Sie, Herr Mayer, die ist etwas zu jung für mich.«

Der Kleinstadtbankier Moritz Teitelbaum hatte eine schöne Tochter, die trotz ihrer Jugend schon auf eine stattliche Anzahl von Liebhabern zurückblicken konnte.

Als das Mädchen zwanzig Jahre alt geworden war, beschloß der Finanzkönig, sie zu verheiraten. Zu diesem Zweck ließ er einen erfahrenen Heiratsvermittler kommen, der ihm die verschiedensten Bewerber aufzählte.

Doch der Bankier unterbrach ihn schon nach wenigen Sätzen.

»Herr Silberbusch«, sagte er, »ich brauche für meine Tochter einen Mann und für mich einen

Schwiegersohn. Er muß nicht schön sein – schön ist sie selber. Er muß nicht reich sein – reich ist sie selber. Er muß nicht klug sein – klug ist sie selber. Aber ein anständiger Mensch muß er sein ...!«

Reb Jaker belehrte einen Ehestandskandidaten, wie er sich im Hause seiner künftigen Schwiegereltern zu verhalten habe.

»Wenn du dich neben deiner künftigen Braut zu Tisch setzt, so denke daran, daß du keine Dummheiten redest!«

»Worüber soll ich mich denn mit ihr unterhalten?«

»Am besten«, schärfte ihm der erfahrene Heiratsvermittler ein, »du sprichst über die Liebe, die Familie und die Philosophie.«

Als es dann soweit war und das Mittagessen aufgetragen wurde – Brühe mit Knödeln –, fielen dem Jüngling die Belehrungen des Heiratsvermittlers ein, und er begann ein Gespräch über die Liebe.

»Liebst du Knödeln?« fragte er seine Braut.

»Nein.«

Nun mußte das Gespräch wohl auf die Familie gebracht werden.

»Und dein Bruder, liebt der Knödeln?«

»Ich habe keinen Bruder.«

»Aber wenn du einen Bruder hättest«, versuchte es der junge Mann mit der Philosophie, »würde er Knödeln lieben?«

ADAM UND EVA UND DIE VERBOTENEN FRÜCHTE

Ein Kandidat für den Ehestand, der zum zweitenmal die künftigen Schwiegereltern besucht, erfährt, daß seine Verlobte an der Grippe erkrankt sei. Ein Freund rät ihm, ihr Blumen zu schicken.

Der Jüngling geht zum Gärtner und erklärt: »Ich möchte für meine kranke Verlobte ein paar Blumen kaufen.«

»Bitte sehr«, erwidert der Gärtner, »ich habe sehr schöne Rosen, zehn Kopeken das Stück.«

»Zehn Kopeken? Aj, so krank ist sie nun auch wieder nicht …!«

Juda Zweig hat sich mit einem wohlhabenden Mädchen verlobt und ihr aus diesem Anlaß einen Brillantring geschenkt.

Die vorsichtige Maid geht zum Juwelier, um den Wert des Geschenks schätzen zu lassen. Daraufhin schickt sie den Ring zurück, versieht jedoch das Päckchen mit der Aufschrift: »Vorsicht! Glas!«

Fräulein Salomea erklärt in entschiedenem Ton: »Herr Schwarz, ich hab' es mir überlegt. Ich kann nicht Ihre Frau werden, ich liebe einen anderen. Bitte, hier ist Ihr Verlobungsring.«

»Aj, das ist aber schade! Aber verraten Sie mir doch bitte den Namen meines glücklichen Rivalen.«

»Sie wollen sich doch nicht etwa mit ihm duellieren?«

»Aber nein! Ich werde ihm nur vorschlagen, mir den Ring zum Selbstkostenpreis abzukaufen.«

Awner stürmt aufgeregt in das Zimmer seiner Frau Frida.

Frida, die vor dem Spiegel sitzt, wendet sich fragend um. »Was ist passiert?«

»Da fragst du noch?! Die ganze Stadt macht sich über mich lustig! Überall wird erzählt, daß du mir Hörner aufsetzt!«

»Und das nimmst du dir so zu Herzen? Nehm ich es mir vielleicht zu Herzen, wenn überall erzählt wird, ich hätt' einen Liebhaber?«

Jankl ist ein leidenschaftlicher Spieler und verbringt ganze Abende im Kaffeehaus am Kartentisch.

Eines Abends nimmt ihn Abraham beiseite und sagt vertraulich: »Während du hier herumsitzt und dein Geld verspielst, betrügt dich deine Frau mit deinem besten Freund Chaskel!«

Jankl wirft die Karten hin und eilt nach Hause. Nach einer knappen Viertelstunde ist er wieder da. Sein Gesicht strahlt vor Glück.

»Weißt du, Abraham«, sagt er, »mir ist ein Stein vom Herzen gefallen. Das war gar nicht mein Freund Chaskel …«

Feiwel ist bei Itzig zu Besuch.

Während der Unterhaltung kommt eine recht unattraktive Frau ins Zimmer und stellt eine Karaffe mit Schnaps sowie einen Teller mit Appetithäppchen auf den Tisch.

»War das dein Dienstmädchen?« fragt Feiwel, nachdem sie hinausgegangen ist.

»Bist du meschugge!« entgegnet ihm Itzig. »Ein so häßliches Dienstmädchen tät ich ins Haus nehmen? Das war meine Frau!«

Jankl begegnet Frau Salomea, der er seit Monaten den Hof macht.

»Guten Tag! Wie geht es Ihrem Mann?«

»Mein Mann ist vorgestern nach Warschau gefahren.«

»Bleibt er dort lange?«

»Eine Woche.«

»Aj, das ist gut! Dann komme ich heute nacht zu Ihnen ...«

»Herr Jankl! Was denken Sie sich?! Ich bin kein leichtes Mädchen!«

»Frau Salomea! Wer spricht hier von Geld?!«

David Potoker, Inhaber eines Restaurants und eines Gasthofes in einem galizischen Garnisonsstädchen, hat eine ausnehmend schöne Frau. Eines Tages überrascht er sie im Bett mit einem jungen Leutnant. Der Offizier entkommt halb bekleidet durch das Fenster, aber die wohlmeinenden Nachbarn haben es bemerkt.

Am nächsten Morgen wird David in der Synagoge gefragt, wann er sich von seiner Frau scheiden lasse.

»Scheiden lassen?!« entgegnet er erstaunt. »Seid ihr meschugge?«

»Na, du hast sie doch im Schlafzimmer mit einem Offizier überrascht!«

»Na und?« meint Potoker ungerührt. »Wenn sie einem Offizier gefällt, muß sie mir dann plötzlich weniger gefallen?! ...«

Potasch und Tortschiner sind Teilhaber.

Potasch ist in heftiger Leidenschaft zu der schönen Ehefrau seines Teilhabers, Adele, entbrannt. Doch sie hat nicht die Absicht, das eheliche Gelöbnis zu brechen. Potaschs flammende Briefe und Liebesbekenntnisse bleiben unbeantwortet.

Schließlich verspricht der unglückliche Buhle Frau Adele zweitausend Złoty, ein kleines Vermögen. Diesmal kann er den Widerstand der Frau brechen. Bald ergibt sich auch eine günstige Gelegenheit: Der Ehemann fährt in Geschäften nach Warschau.

Als Tortschiner am nächsten Tag wiederkommt, fragt er schon in der Tür völlig überraschend: »War Potasch hier?«

»Jjja ...«, flüstert Adele mit bleichen Lippen.

»Hat er zweitausend Złoty gebracht?«

Frau Adele wankt, sie muß sich an einem Stuhl festhalten.

»Jjja ...«, haucht sie.

»Ajajaj, was für ein anständiger Mensch ist doch dieser Potasch! Gestern früh hat er das Geld von mir geborgt und mir versprochen, es uns noch am selben Abend wiederzubringen. Und er hat Wort gehalten!«

Abraham geht mit seiner Frau spazieren, schaut sich aber immer wieder nach vorbeikommenden jungen Frauen um.

»Hör mal!« sagt Sara vorwurfsvoll. »Sobald du eine hübsche Gojin siehst, scheinst du zu vergessen, daß du verheiratet bist.«

»Ganz im Gegenteil, Liebling! Ganz im Gegenteil!« erwidert Abraham seufzend.

Samuel kommt nach Hause und erklärt seiner Frau: »Weißt du, ich habe eine Lebensversicherung abgeschlossen. Falls mir etwas zustößt ...«

»Natürlich!« unterbricht ihn seine bessere Hälfte empört. »Hast wieder mal nur an dich gedacht ...!«

Joel Katz hat sich mit siebzig Jahren aus dem Kaufmannsleben in sein trautes Heim zurückgezogen.

Eines Tages verkündet er wehmütig seiner Ehefrau: »Weißt du, Sara, wenn einer von uns beiden früher sterben sollte, übersiedle ich nach Wien ...«

Der achtzigjährige Schmerl heiratet die blutjunge Debora, die bald darauf in andere Umstände kommt.

Voller Zweifel begibt er sich zum Zaddik. »Rebbe, wie ist das möglich?« fragt er.

»Ich will es dir gleich erklären«, antwortet der Zaddik. »In der afrikanischen Wüste geht ein Mann spazieren. Über dem Kopf hält er einen geöffneten Regenschirm. Plötzlich greift ihn ein Löwe an. Unser Spaziergänger schließt rasch den Schirm und legt ihn auf die Bestie an, die tot zusammenbricht.«

»Aber, Rebbe«, wundert sich der Greis. »Wie ist das möglich?«

»Nun ja«, antwortet der Zaddik. »Hinter dem Rükken dieses Mannes hat ein Jäger gestanden und wirklich geschossen!«

Schmul Grüner begibt sich zur Versicherungsgesellschaft »Phönix«.

»Ich möchte eine Lebensversicherung abschließen.«

»Wie alt sind Sie?« fragt der Direktor.

»Sechzig.«

»Hm ... Da sind Sie schon fast zu alt ...«

»Ja«, wendet Grüner ein, »aber ich stamme aus einer langlebigen Familie.«

»Schön, wir wollen es uns überlegen«, sagt der Direktor. »Kommen Sie bitte morgen vorbei.«

»Morgen kann ich nicht. Da ist Schabbes.«

»Nun, dann am Montag.«

»Am Montag geht's nicht. Mein Vater hat Geburtstag.«

»Und wie alt ist Ihr Vater?«

»Achtzig.«

»Dann kommen Sie eben am Dienstag.«

»Geht nicht. Am Dienstag heiratet mein Großvater.«

»Wie alt ist denn Ihr Großvater?«

»Vor kurzem war er hundert.«

»In diesem Alter will er noch heiraten?«

»Was heißt will? Er *muß*!«

GESCHÄFTE

Die meisten Juden Osteuropas lebten als Handwerker, Pächter im Schankgewerbe oder – und dies vor allem – als Kleinsthändler, die jedem auch noch so geringen Vermittlungsgeschäft hinterherliefen. Ihr Geschäftsgebaren, das bereits im Mittelalter Züge des modernen Wirtschaftslebens aufwies, stieß bei der übrigen Bevölkerung zuweilen auf Unverständnis und Ablehnung, wurde aber auch von den Juden selbst aufs Korn genommen, wie zahlreiche Witze und Anekdoten beweisen.

Beim Getreidegroßhändler Meyer erscheint einer seiner Angestellten: »Reb Meyer, der Weizen im Lagerhaus wird muffig. Er muß unbedingt umgeschaufelt werden.«

»Was wird das kosten?« erkundigt sich der Chef.

»Mindestens zweihundert Złoty.«

Der Chef überlegt.

Eine Viertelstunde später diktiert er dem Angestellten einen Brief an das Zollamt: »Hiermit teile ich Ihnen ergebenst mit, daß der Getreidehändler Meyer in seinem Lagerhaus unter dem Weizen geschmuggelten bulgarischen Tabak versteckt hält.«

Nach Erhalt des anonymen Schreibens entsendet das Zollamt einen Inspektor und vier Arbeiter zum Lagerhaus, die den Weizen gründlich umschaufeln.

»Tate, was ist das: ein Diplomat?« fragt das Söhnchen seinen Vater, einen Krämer.

»Ein Diplomat ist ein Kaufmann«, antwortet der Vater, »der mit Politik handelt.«

Ein Kunde stürmt schäumend vor Wut in den Laden.

»Was haben Sie mir da für einen Stoff verkauft?!« schreit er schon in der Tür. »Der Schneider meint, es ist der größte Schund!«

»Was soll's?« beschwichtigt ihn der Kaufmann. »Sie sind geradezu ein Glückspilz. Sie haben nur drei Meter von dem Schund, aber mein Lager ist voll davon!«

Zwei Geschäftsleute gründen eine Gesellschaft.

Sie sitzen beim Rechtsanwalt, dem Sie einen endlosen, mit Paragraphen gespickten Vertrag diktieren. Gegen Mitternacht ist der Vertrag fertig. Die Teilhaber erheben sich und drücken dem Rechtsanwalt die Hand.

Zehn Minuten später klingelt es an der Tür. Draußen stehen die beiden Klienten.

»Herr Rechtsanwalt! Das Wichtigste haben wir vergessen. Setzen Sie bitte hinzu: ›Paragraph neunundachtzig: Falls die Firma bankrott geht, wird der Reingewinn zu gleichen Teilen an die Gesellschafter ausgezahlt.‹«

Isaak Stark, ein besonders ideenreicher Geschäftsmann, hatte in Lemberg ein Antiquitätengeschäft. Eines Tages erwarb er fünf Porzellanfiguren. Da er sie zusammen verkaufen wollte, brachte er ein Papptäfelchen an mit der Aufschrift: »Die fünf Sinne«. Die Figuren gingen jedoch nur einzeln weg, so daß der Reihe nach folgende Aufschriften erschienen: »Die vier Jahreszeiten«, »Drei Grazien«, »Ruth und Noemi«, »Einsamkeit«.

Im Gasthof erscheint ein Vertreter und bietet dem Besitzer ein Fäßchen Rotwein an.

»Danke, ich habe genügend Rotwein«, antwortet der Wirt.

»Ich biete Ihnen Rabatt …«

»Brauche ich nicht.«

»Kosten Sie wenigstens ein Schlückchen von diesem Nektar …«

»Noch ein Wort, und ich werfe Sie die Treppe hinunter!«

Da der Vertreter weiterhin auf den Gasthofbesitzer einredet, macht dieser seine Drohung wahr.

Am Fuße der Treppe angelangt, klopft sich der Vertreter den Staub von den Hosen, steigt die Treppe wieder empor und sagt: »Die Sache mit dem Rotwein hätten wir also besprochen. Aber vielleicht möchten Sie Weißwein kaufen?«

Jossel Ringelblum will mit einem prallen Sack auf dem Rücken über die Grenze.

»Was ist in dem Sack?« fragt der Zollbeamte.

»Futter für meinen Kanarienvogel«, antwortet Ringelblum.

Der Zöllner öffnet den Sack.

»Das ist doch Kaffee! Ein Kanarienvogel frißt doch keinen Kaffee!«

»Frißt er eben nicht!« erwidert Ringelblum. »Meine Sorge?«

Mechel, eine Autorität in Fragen des guten Geschmacks unter den Handlungsreisenden, kauft ein Paar Halbschuhe im Schuhgeschäft von Saul Griminger, Kommanditgesellschaft.

Nachdem er mehr als ein Dutzend Paar Schuhe anprobiert hat, entscheidet er sich schließlich für tschechische Lackschuhe der Marke »Tip-Top«.

»Was kosten sie?« erkundigt er sich.

»Neunzehn Złoty und fünzig Groschen.«

»Ich zahle fünfzehn.«

»Neunzehn Złoty und fünfzig Groschen«, wiederholt der Geschäftsinhaber hartnäckig.

»Ich zahle siebzehn in bar ...«

»Ich kann sie nicht einen Groschen billiger abgeben. Das sind ausländische Schuhe.«

Mechel zahlt seufzend die verlangte Summe, bemerkt dann jedoch mit einem Vorwurf in der Stimme: »Konnten Sie nicht gleich sagen, daß die Schuhe fünfundzwanzig Złoty kosten?!«

Der Krämer Gerschon möchte bei dem Wucherer Lejb einen Kredit aufnehmen.

»Ich kann dir hundert Rubel borgen«, sagt Lejb, »wenn du mir als Pfand die Brillantohrringe deiner Frau daläßt.«

»Zu wieviel Prozent?«

»Weil du es bist, mein Lieber, neun Prozent monatlich.«

»So ein Wucher! Fürchtest du denn gar nicht unseren Herrgott?«

»Der Herrgott wird es nicht wissen. Der wird denken, ich nehme sechs ...«

»Wieso gerade sechs?«

»Oj, Gerschon, bist du aber dumm! Weißt du denn nicht, daß man von oben alles umgekehrt sieht? Ich schreibe neun, und der Herrgott wird lesen: sechs!«

Graf Potocki fährt über den Marktplatz von Buczacz und läßt den Landauer neben der Brezelverkäuferin Beile halten.

»He, Frau! Was kostet eine Brezel?«

»Einen Kreuzer.«

»Und wieviel Brezel hast du da?«

»Zweihundert.«

»Hier hast du zwei Gulden, ich nehme sie alle.«

»Das geht aber nicht, gnädigster Herr Graf ...«

»Warum nicht?«

»Ja, womit soll ich denn heute handeln ...?«

Der Handlungsreisende Epstein mußte ins Gefängnis.

Der sehr konziliante Direktor der Strafanstalt fragt den Häftling, was ihm lieber sei: Tüten kleben, Pantoffeln nähen oder Bürsten herstellen.

»Am liebsten würde ich als Vertreter für diese Waren reisen und Bestellungen entgegennehmen«, erklärt Epstein.

Der Großhändler Jechiel steht wegen Wechselfälschung vor Gericht.

Nachdem die Beweisführung abgeschlossen ist und der Staatsanwalt sowie der Verteidiger gesprochen haben, erteilt der Richter dem Angeklagten das letzte Wort.

Jechiel erhebt sich und erklärt feierlich: »Hohes Gericht! Ich nehme Gott zum Zeugen, daß ich unschuldig bin ...«

»Zu spät«, unterbricht ihn der Richter. »Die Zeugenvernehmung ist beendet.«

Der Handelsvertreter Abeles ist mit einem reichen Kaufmann in einem vornehmen Wiener Kaffeehaus verabredet. Doch der potentielle Kunde versetzt ihn, und Abeles muß selbst seine Tasse Kaffee bezahlen.

Zu Hause erzählt er dann seiner Frau: »Weißt du, ich war heute bei ›Sacher‹. Der Ober hat mir das Fell über die Ohren gezogen! Für einen miesen Kaffee habe ich zweieinhalb Schilling bezahlt! Aber Gott sei Dank geschehen noch Zeichen und Wunder. Soeben habe ich in meiner Jackettasche einen silbernen Löffel gefunden ...«

Leibusch erzählt seinem Freund: »Weißt du, ich habe mit Reb Silber eine Gesellschaft gegründet.«

»Du? Eine Gesellschaft?« wundert sich der Freund. »Du bist doch völlig blank!«

»Nu ja, das Geld, das hat er, ich habe die Erfahrung ...«

»Wie ich dich kenne, habt ihr in ein paar Monaten die Rollen getauscht; dann hast du das Geld und er die Erfahrung.«

Während der Wirtschaftskrise soll der Besitzer eines Gasthauses in einem galizischen Städtchen folgende geistreiche Unterhaltung mit seiner schlauen und resoluten Ehehälfte geführt haben:

»Hör mal, Sara«, sagte er, »wieso sind wir eigentlich so arm? Wir verkaufen doch unseren Gästen eine ganze Menge Schnaps und gießen sogar noch Wasser hinein. Und wenn unsere werten Gäste schon einen in der Krone haben, kreiden wir ihnen immer noch ein paar Schnäpse mehr an ...«

»Das ist es!« ruft die Frau. »Jetzt weiß ich, wieso wir so arm sind. In die Schnäpse, die wir zusätzlich ankreiden, gießen wir kein Wasser!«

Uscher kann nicht einschlafen; unruhig wälzt er sich von einer Seite auf die andere.

»Warum schläfst du nicht?« fragt seine Frau.

»Ich schulde dem Feiwel von gegenüber fünfhundert Złoty. Ich habe einen Wechsel unterschrieben, der morgen fällig ist. Aber ich habe kein Geld ...«

Seine Frau überlegt eine Weile. »Paß auf«, sagt sie dann, »das wollen wir gleich ändern.«

Sie öffnet das Fenster und ruft laut: »Herr Feiwel! Herr Feiwel!«

Im Fenster gegenüber erscheint im Nachthemd der Gläubiger.

»Was ist passiert?«

»Mein Mann hat von Ihnen fünfhundert Złoty geborgt?«

»Richtig.«

»Und darauf einen Wechsel ausgestellt?«

»Jawohl.«

»Dann teile ich Ihnen mit, daß mein Mann Ihnen nicht einen Groschen bezahlen wird!«

Die resolute Frau schließt das Fenster und sagt zu ihrem Mann: »So, jetzt wird er nicht schlafen!«

Das Jahr 1931. Die allgemeine Krise verschärft sich. Kohns Geschäft ist verriegelt und verschlossen. An der Tür hängt ein Schild mit der Aufschrift: »Wegen eines Todesfalls geschlossen.«

Grün begegnet Kohn und erkundigt sich teilnahmsvoll: »Wer ist denn gestorben?«
»Die Kundschaft«, antwortet Kohn.

Jojne begegnet auf der Straße seinem Schuldner Feiwel. Er drückt ihm die Hand und erkundigt sich mit überschwenglicher Höflichkeit nach dessen Familie.
»Wie geht es Ihnen, mein Lieber? Was macht Ihre Gesundheit? Wie fühlt sich Ihre Frau Gemahlin? Und die Kinder? Wachsen und gedeihen sie?«
»Sie haben gut reden«, antwortet Feiwel mit düsterer Stimme, »aber mir zahlt auch keiner was!«

Fischel Donauer besitzt Aktien eines großen Unternehmens, weiß jedoch nicht, ob es mit Erfolg arbeitet. Deshalb trägt er seinem Mitarbeiter auf: »Fahren Sie morgen zu der Hauptversammlung und telegrafieren Sie mir bis spätestens vierzehn Uhr, wie die Dinge stehen.«
Doch schon um zwölf Uhr trifft die erwartete Depesche ein: »Sofort verkaufen!«
Nach der Rückkehr des Abgesandten ist der Chef des Lobes voll.
»Sie haben mich vor einem empfindlichen Verlust bewahrt«, sagt er, »aber ich bin doch neugierig, wieso ich die Nachricht zwei Stunden früher erhalten habe als die Börse?«

»Das ist ganz einfach«, antwortet der Mitarbeiter. »Als der Präsident die Versammlung mit dem Wort ›leider‹ eröffnete, wußte ich Bescheid …«

Nachdem in den dreißiger Jahren die Polarexpedition des. Generals Nobile verschollen war, beteiligte sich eine Reihe europäischer Staaten an der Rettungsaktion. So konnte man auch in den polnischen Telegrafenämtern längere Zeit hindurch den Hinweis lesen: »Depeschen für die Polarexpedition des Generals Nobile werden unentgeltlich und außerhalb der Reihe entgegengenommen.«

An den Schalter tritt Moische Idelsohn.

»Ich möchte in der Angelegenheit Nobile telegrafieren.«

»Bitte sehr.«

Idelsohn erhält ein Telegrammformular und schreibt: »Eisik Wunderman Radom. Herr Wunderman, eilen Sie General Nobile zu Hilfe. Sollte Ihnen das nicht möglich sein, so schicken Sie mir zweihundert Paar Schnürstiefel. Idelsohn.«

Breslauer kauft beim Grossisten einen größeren Posten einer Ware und zahlt mit einem Wechsel. Nach beendeter Transaktion überreicht der Grossist dem Kunden als Prämie ein Paar Handschuhe.

»Was, nur ein Paar Handschuhe?« sagt Breslauer enttäuscht.

»Ach, Sie dachten wohl«, erwidert der Grossist lachend, »daß ich Ihnen als Prämie Ihren Wechsel wiedergebe?«

»Nein, nein«, wehrt Breslauer ab. »Ich nehm' die Handschuhe.«

Die Frau eines Händlers, der sich, beladen mit drei Dutzend Hosen, zum Jahrmarkt begibt, sagt beim Abschied zu ihm: »Viel Glück! Und geb's Gott, daß du ohne Hosen wiederkommst!«

Der galizische Kaufmann Awner Bloch in vorwurfsvollem Ton zu seinem Wiener Grossisten: »Mein Konkurrent Levi hat mir erzählt, daß Sie ihn, sooft er Sie abends besucht, mit einer Laterne in der Hand die Treppe hinabgeleiten. Mir haben Sie diese Ehre noch nie erwiesen. Dabei zahle ich in bar, während Levi alles auf Kredit kauft ...«

»Sehen Sie«, antwortet ihm der Grossist, »wenn Sie die Treppe runterfallen, so ist das Ihre Sache. Aber wenn Levi sich den Hals bricht – wer löst dann seine Wechsel ein?«

Zwei Kaufleute unterhalten sich:

»Hör mal, Feiwel, wo hast du gesteckt? Ich hab' dich ein halbes Jahr nicht gesehen!«

»Ich war verreist.«

»Und warum hast du nicht Berufung eingelegt?«

Salomon Glanz steht vor dem Schwurgericht, angeklagt wegen Bankrotts in betrügerischer Absicht. Zum Glück befindet sich unter den Geschworenen auch ein Jude, dem die Familie des Bankrotteurs dreitausend Kronen verspricht, falls sich das Urteil nur auf eine Geldstrafe beschränken sollte.

Das Vorhaben ist gelungen. Der Geschworene wischt sich den Schweiß von der Stirn.

»Ich hab' mich vielleicht abgeplagt«, stöhnt er, »ehe ich die übrigen Geschworenen von einer Geldstrafe überzeugen konnte!«

»Bestimmt waren Antisemiten darunter, die mir ein paar Jahre Gefängnis aufbrummen wollten?« stöhnt Glanz.

»Aber nein! Man wollte Sie von allen Vorwürfen freisprechen, und zwar einstimmig!«

Der Vertreter Schmul Mayer kommt auf einen Gutshof, doch beim Anblick einer großen Dogge, die friedlich auf der Vortreppe zur Veranda liegt, kehrt er eilig um und will den Hof verlassen.

Da ruft ihn der Verwalter zurück.

»Kommt ruhig herein, Schmul Mayer. Der Hund ist ganz friedlich.«

»Herr Verwalter! Wenn ein Hund einen Juden nicht anbellt, hat er sich an unsere Leute gewöhnt, also auch an andere Vertreter. Und wenn er sich an andere Vertreter gewöhnt hat – was kann ich dann auf diesem Hof noch für Geschäfte machen?«

In Krotoschin, in der ehemaligen Provinz Posen, war die Stelle des Schammes, des Synagogendieners, frei. Lejb Gelobter bewarb sich vergebens darum, denn er war Analphabet. Nach reiflicher Überlegung begab er sich nach Berlin, wo er dank seiner angeborenen Geschäftstüchtigkeit während des ersten Weltkrieges ein Vermögen erwarb und Direktor eines Versorgungsamtes wurde.

Als wieder einmal ein Vertrag zu unterzeichnen war, stellte man fest, daß der neuernannte Direktor mit drei Kreuzchen unterschrieb.

»Sie scherzen wohl!« meinte der Vertragspartner lachend.

»Durchaus nicht! Ich kann weder lesen noch schreiben.«

»Das ist geradezu unglaublich! Ich kann mir vorstellen, was aus Ihnen geworden wäre, wenn Sie wenigstens die Volksschule beendet hätten!«

»Was aus mir geworden wäre?« erwiderte Lejb Gelobter nachdenklich. »Ein Synagogendiener in Krotoschin wäre aus mir geworden.«

Wenn sich der österreichisch-ungarische Fiskus in Geldschwierigkeiten befand und keine neuen Banknoten drucken durfte, wandte er sich gewöhnlich wegen einer kurzfristigen Anleihe an die Finanzinstitute, ja sogar an Privatbankiers.

Zu diesem Kreis gehörte auch der Multimillionär Dessauer, Besitzer eines Wechselkontors und Bankhauses. Dessauer hatte jedoch ein Söhnchen, Moritz mit Namen, und dieser junge Mann wollte durchaus nicht in die Fußstapfen des geschäftstüchtigen Vaters treten. Im Gegenteil: Moritz schloß sich den Nihilisten an und wurde wegen seiner Teilnahme an einer illegalen, höchst turbulenten Demonstration zu sechs Wochen Haft verurteilt.

Kurze Zeit später wandte sich das Finanzministerium wegen einer kurzfristigen Anleihe an Dessauer, doch der Multimillionär lehnte ab.

Der Minister rief nun selbst an.

»Hören s', Herr Dessauer, haben s' etwa das Vertrauen in die Habsburger Monarchie verloren?«

»Exzellenz!« antwortete der Bankier. »Wie kann ich Vertrauen zu einem Staat haben, der sich vor meinem Moritz fürchtet?«

Israel Rosenblum, ein Galanteriewarenhändler in Wien, hat seine Zahlungsunfähigkeit erklärt. Plötzlich klingelt in seinem leeren Laden das Telefon.

»Ist dort die Bank von Baron Rothschild?«

»Nein.«

»Also ein Irrtum?«

»Aj!« antwortet Rosenblum mit weinerlicher Stimme. »Und was für ein Irrtum!«

Gezel hatte seine Uhr reparieren lassen. Einen Tag nachdem er sie abgeholt hat, erscheint er wieder beim Uhrmacher.

»Was haben Sie mit meiner Uhr gemacht!« schreit er. »Als ich sie zu Ihnen brachte, ging sie schlecht, aber sie ging! Jetzt geht sie überhaupt nicht!«

»Gott soll mich strafen«, antwortet der Uhrmacher, »wenn ich Ihre Uhr auch nur angerührt habe!«

REICHE UND SCHNORRER

Bei dem Lubliner Millionär Todres sprechen zwei Spendensammler der jüdischen Gemeinde vor, finden ihn jedoch im Gebet vertieft.

»Reb Todres, wir kommen …«

»Hm … hm …«, räuspert sich der reiche Mann und gibt ihnen durch Gesten zu verstehen, daß er gerade das Achtzehn-Bitten-Gebet spricht.

»Reb Todres, es handelt sich um die Hochzeitsausstattung für eine arme Tochter Israels …«

Der Krösus legt das Gebetbuch beiseite und wendet sich seinen Gästen zu.

»Das ist etwas anderes. Wenn es sich um eine gute Tat handelt, darf man das Gebet unterbrechen. Ihr sagt also, daß es sich um eine Spende handelt? Um die Mitgift für ein armes, jüdisches Mädchen …? Ich gebe keinen Heller!«

Der reiche Saul Lubliner spricht mit seinem künftigen Schwiegersohn unter vier Augen.

»Man wird Ihnen wahrscheinlich die verschiedensten Gerüchte über meine Vergangenheit hinterbringen, deshalb möchte ich Ihnen lieber selber reinen Wein einschenken. Also: Wahr ist, daß ich wegen gefälschter Wechsel und vorgetäuschten Bankrotts zweimal im Gefängnis gesessen habe. Tatsache ist, daß ich von Odessa nach Lemberg nicht umgezogen, sondern geflohen bin, weil ich eine Unterschlagung begangen habe. Doch dafür gebe ich meiner Tochter eine Mitgift von zweihunderttausend Gulden. Und nun, junger Mann, erzählen Sie mir etwas über sich.«

»Ich bin trotzdem bereit, Ihr Schwiegersohn zu werden. Jetzt wissen Sie auch alles über mich.«

Der Bankier Severin Feingold ist im Sommer an die Riviera gefahren. Während eines Blumenkorsos in Nizza bitten ihn zwei elegante Damen um eine Geldspende für einen wohltätigen Zweck. Bereitwillig zückt Feingold sein Scheckbuch, stellt einen Scheck über hundert Dollar aus und überreicht ihn den schönen Sammlerinnen. Die Damen bedanken sich überschwenglich.

Doch nach einer Weile wendet sich eine von ihnen erneut an den Bankier: »Entschuldigen Sie bitte vielmals, mein Herr, aber Sie haben vergessen, Ihren werten Namen auf den Scheck zu setzen …«

»Nun ja«, erwidert Feingold, »wozu die Sache publik machen? Ich bin ein bescheidener Mensch und möchte als Wohltäter anonym bleiben.«

Der vermögende Jojne Abeles ist schon über achtzig und erfreut sich noch immer der besten Gesundheit.

»Welchem Umstand verdanken Sie diese hervorragende Verfassung?« fragt ihn ein Journalist.

»Nu«, antwortet ihm Abeles, »ich hab' halt geduldige Erben ...«

Die Frau des Millionärs Rothschild ist plötzlich erkrankt. An das Krankenbett wird der bekannte Wiener Internist Professor Herz gerufen. Der erfahrene Arzt sieht, daß die Beschwerden mit dem Alter der ehrwürdigen Matrone zusammenhängen, und erklärt: »Leider, Frau Baronin, kann ich Sie nicht jünger machen ...«

»Aber Herr Professor«, entgegnet die Patientin, »ich möchte ja nur älter werden!«

Den hervorragenden Wiener Internisten Professor Herz rief man einmal mitten in der Nacht zu einem reichen Patienten.

Nachdem der Arzt den Kranken untersucht hatte, fragte er: »Haben Sie schon Ihr Testament gemacht?«

»Noch nicht«, antwortete der erschrockene Patient.

»Rufen Sie sofort den Notar herbei!« »Sie meinen, Herr Professor«, flüsterte der reiche Mann mit zitternden Lippen, »daß mein Zustand so ernst ist?«

»Durchaus nicht. Aber ich möchte nicht der einzige Dummkopf sein, den man auf Ihre Anweisung hin mitten in der Nacht geweckt hat.«

Bei Poznański, einem der reichsten Łódźer Fabrikanten, spricht eine Abordnung der jüdischen Gemeinde vor und bittet um eine Spende für den Bau einer neuen Synagoge. Der Millionär überreicht der Abordnung hundert Rubel.

Der Vorsitzende der jüdischen Gemeinde ist sichtlich unzufrieden.

»Aber, ich bitte Sie, Herr Poznański«, wendet er ein. »Ihr Sohn hat für diesen edlen Zweck tausend Rubel gespendet!«

Der Fabrikant streicht sich den weißen Bart.

»Nun ja«, entgegnet er, »mein Sohn kann sich das leisten. Der hat einen sparsamen Vater. Und was habe ich? Einen leichtsinnigen Sohn …«

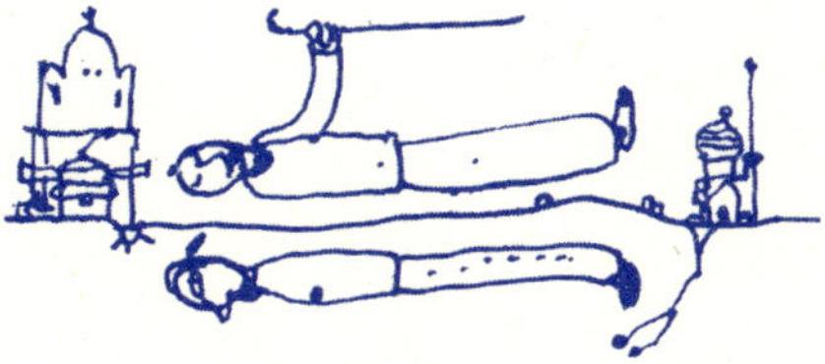

Die jüdischen Gemeinden erhielten keinerlei staatliche Unterstützung; daher war es üblich, daß am Sabbat und zu bestimmten Feiertagen beim Besuch der Synagoge eine Spende in Form eines Eintrittsgelds erhoben wurde, das der gesamten Gemeinde zugute kam. Anzumerken ist auch, daß die einzelnen Innungen und Berufsstände oft ihre eigenen Bethäuser hatten.

In der monumentalen Łódźer Synagoge (sie wurde während des Krieges von den Nazis abgerissen) fanden nur an Sonnabenden und Feiertagen Gottesdienste statt. Da dieses Gotteshaus vorwiegend von reichen Juden besucht wurde, waren die Eintrittskarten entsprechend teuer.

Am Neujahrstag versucht ein Jude im Kaftan, über die Schwelle des Gotteshauses zu treten. An der Tür hält ihn der Schammes auf: »Die Eintrittskarte!«

»Was heißt Eintrittskarte?! Ich hab' was Geschäftliches mit dem Herrn Fabrikanten Rosenblatt zu besprechen.«

Darauf der Schammes spöttisch: »Ich kenne dich, du Schlaumeier! Du hast überhaupt nichts mit Herrn Rosenblatt zu besprechen. Du bist gekommen, um zu beten!«

Die jüdische Religion schreibt jedem Juden vor, Mildtätigkeit zu üben. Daraus leiteten die sogenannten Schnorrer das Recht ab, von ihren wohlhabenderen Glaubensgenossen eine Unterstützung zu fordern. Die meisten Schnorrer hatten ihre ständigen Wohltäter oder ihren »Bezirk«, der sie ernährte.

Da die Söhne aller Juden oft sehr jung verheiratet wurden, war es üblich, daß der Schwiegervater sich im Heiratsvertrag verpflichtete, das junge Paar für eine bestimmte Zeit in Kost zu nehmen.

Ein wohlhabender Jude hat einen Schnorrer für den Freitagabend zum Abendessen eingeladen. Der Schnorrer erscheint in dem gastlichen Haus in Begleitung eines jungen Mannes.

»Wer ist denn das?« fragt der Hausherr.

»Das ist mein Schwiegersohn. Laut Heiratsvertrag steht er während der ersten zwei Ehejahre bei mir in Kost.«

Ein armer Verwandter, den man zum Mittagessen geladen hat, müht sich vergebens mit den Knochen eines mageren Hühnchens ab.

»Sara«, wendet sich der Hausherr an seine Frau, »rede doch deinem Verwandten zu, daß er essen soll!«

Darauf der Verwandte: »Ihr hättet besser daran getan, dem Hühnchen zuzureden, daß es essen soll!«

Ein armer Jude wendet sich an den reichsten Mann des Städtchens: »Meine arme, unverheiratete Tochter bekommt allmählich graues Haar. Könnten Sie mir nicht wenigstens ein paar hundert Gulden für ihre Ausstattung und für die Mitgift geben?«

»Das kann ich nicht«, erwidert der reiche Mann. »Ich will Euch jedoch, solange ich lebe, jeden Monat zwanzig Kronen geben.«

»Und das soll mir nützen? Bei Ihrem sprichwörtlichen Glück können Sie schon morgen sterben.«

Ein alter Schnorrer erhält aus der Kasse eines reichen Mannes ein monatliches Almosen von einem Gulden. Als er eines Tages wegen der Unterstützung vorspricht, läßt ihn die Dienerschaft nicht ins Haus, weil dort die Hochzeit der Tochter des Hausherrn stattfindet.

Der Schnorrer ist empört: »Und deshalb soll ich auf einen ganzen Gulden verzichten? Auf *meine* Kosten will er seine Tochter verheiraten?«

KETZER UND »BEKEHRTE«

Aufklärung und Industrierevolution brachten eine gewisse Lockerung der religiösen Bindungen und Sitten mit sich. Die Auseinandersetzung mit dem Herkömmlichen führte zu Übertritten und zu Freidenkertum. Ein Jude konnte nun plötzlich als Goj gelten. In diesem Spannungsfeld entstanden viele Anekdoten und Witze, die sowohl die starren konfessionellen Regeln als auch die »Ketzer« und »Getauften« kritisierten oder verspotteten.

Drei »Bekehrte« treffen sich.

»Warum hast du dich taufen lassen?« fragen sie den Ältesten.

»Ich habe das Gymnasium mit einer Goldmedaille abgeschlossen. Trotzdem mußte ich jahrelang auf eine Staatsanstellung warten, also ...«

»Nun ja, können wir verstehen. Und du?«

»Ich habe mich in eine wunderschöne Russin aus frommer russisch-orthodoxer Familie verliebt. Meine Religion war ein unüberwindliches Hindernis ...«

»Nun ja, können wir verstehen. Und du?«

Der dritte »Bekehrte« sagt mit stolzgeschwellter Brust: »Ich habe mich aus Überzeugung taufen lassen!«

Darauf die beiden ersten: »Das kannst du denen erzählen – den Gojim!«

Die mosaische Religion verbietet es den Juden, am Sabbat Feuer anzuzünden. Fromme Juden haben dieses Verbot auch auf das Rauchen ausgedehnt.

Hugo Jajteles, ein assimilierter Jude und Freidenker, raucht am Sabbat ostentativ eine Zigarre und kommt dabei an einer Pulverkammer vorbei.

Der wachhabende Soldat vertritt ihm den Weg und sagt streng: »Hier darf nicht geraucht werden! Machen Sie die Zigarre aus!«

»Aj, Herr Soldat« sagt Jajteles gekränkt. »Wofür halten Sie mich? Diesen Aberglauben habe ich längst abgelegt!«

Elchanan hat den Verstand verloren und wurde in eine Anstalt eingeliefert. Die ganze Woche über hat er sich ruhig verhalten, doch am Sabbat beruft er sich plötzlich auf die religiösen Vorschriften und verlangt entschieden koschere Speisen. Man schickt ihn also in Begleitung eines Pflegers in ein teures Restaurant, wo Elchanan ungeheure Mengen köstlicher koscherer Speisen vertilgt.

Nach der Rückkehr in die Anstalt zündet sich der »fromme Jude« eine gute Zigarre an. Der Anstaltsarzt, ebenfalls ein Jude, tadelt ihn wegen dieses strafwürdigen Mißachtens der Vorschriften. »Das verstehe ich nicht«, sagt er. »Zuerst verlangt Ihr ein koscheres Mittagessen, und dann raucht Ihr am Sabbat?«

Darauf Elchanan ruhig: »Wieso versteht Ihr nicht, Doktor? Wozu bin ich meschugge?!«

Kaiser Franz Joseph verlieh dem bekannten jüdischen Bankdirektor Leo Lánczi den Adelstitel.

Der frischgebackene Aristokrat erschien in der Wiener Hofburg in der Uniform eines ungarischen Adligen, den Prunkdegen an der rechten Seite.

Dies bemerkte der Adjutant des Monarchen und flüsterte dem Finanzgewaltigen vertraulich ins Ohr: »Herr Direktor! Der Degen wird auf der Sollseite getragen, nicht auf der Habenseite!«

Simon Klar war der Besitzer eines Restaurants und eines kleinen Hotels. Als frommer und geachteter Jude hatte er zahlreiche Kundschaft und somit auch ein ansehnliches Sümmchen auf der Bank. Nur sein einziger Sohn Gerschon machte ihm Sorgen.

Gerschon trat nicht in die Fußstapfen des Vaters. Schlimmer noch, er verliebte sich in ein katholisches Mädchen, und da er die Auserwählte unbedingt heiraten wollte, ließ er sich taufen. Der verzweifelte Vater zerriß seinen Kaftan und ließ sich mit seiner Frau Lea zum Zeichen der Trauer unbeschuht auf einem niedrigen Schemel nieder, wie man dies beim Tode eines Juden tut.

Doch als eine gewisse Zeit vergangen war, wandte er sich an Lea und sprach: »Wir sind beide schon alt. Wem sollen wir einst unser Vermögen hinterlassen?«

Der Stimme der Vernunft folgend, beschlossen sie, ihren getauften Sohn und die katholische Schwiegertochter unter ihrem Dach aufzunehmen.

Am nächsten Sonntagmorgen trat die Mutter an das Ehebett der Kinder und weckte ihren schlafenden Sohn. Der fuhr im Bett hoch und fragte verstört: »Was ist passiert?«

»Was soll passiert sein?« beruhigte ihn die Mutter. »In der Kirche läuten die Glocken.«

»Wieso weckst du mich da?«

»Hör zu, Gerschon … Aj, was rede ich … Hör zu, Gregor, du warst nie ein frommer Jude, aber kannst du nicht wenigstens ein pflichtbewußter Goj sein?«

Ein jüdischer Schneider, dem es um christliche Kundschaft zu tun ist, hat beschlossen, sich taufen zu lassen. So begibt er sich denn zum nächsten Pfarramt. Der Pfarrer belehrt den künftigen Christen und fragt ihn schließlich, welchen Namen er bei der Taufe annehmen möchte.

»Aj, ich möchte Stefan Batory heißen«, erwidert der Schneider.

»Aber das ist doch der Name eines der größten polnischen Könige!« wendet der Pfarrer ein.

»Ja, Hochwürden, das paßt gut, ich heiße Srul Bronstein und möchte doch nicht nur wegen der Taufe auf den Hemden und Taschentüchern mein Monogramm ändern lassen müssen.«

HERSCHEL AUS OSTROPOL UND ANDERE SPÖTTER

Zu einer Zeit, da sich im jüdischen Schtetl der Hang zum Mystischen rasch verbreitete, war Herschel Ostropoler die lebendige Verkörperung des Volkshumors. Geboren wurde Herschel ausgangs des 18. Jahrhunderts. Er lebte in großer Armut.

Die Natur hatte ihn stiefmütterlich behandelt, doch Herschel machte sich nichts aus seinem Äußeren. Auf seine Häßlichkeit hin angesprochen, pflegte er zu sagen: »Ich war mal ein sehr schönes Kind, aber eine böse Nachbarin hat mich in der Wiege gegen einen häßlichen Säugling vertauscht …«

Eines Tages kam Herschel ins Bethaus und hatte eine zerkratzte Nase. Das Aussehen des Schalks rief allgemeines Gelächter hervor. »Da hat dich deine Frau aber zugerichtet! Wie konntest du dich nur so beißen lassen?!«

»Ich hab' mich selbst gebissen«, versicherte Herschel den Chassidim.

»Ach, du Lügner! Wie willst du mit den Zähnen an die eigene Nase herangekommen sein?«

»Auch ein Kunststück!« entgegnete Herschel. »Ich bin auf einen Schemel geklettert.«

Seine Abneigung gegen das Beten, die ihn schon in jungen Jahren auszeichnete, begleitete Ostropoler bis an sein Lebensende.

Während des Jahrmarkts in einer Kleinstadt wehrte er mit folgenden Worten die Einladung zum Abendgebet ab: »Seid mir nicht böse, Juden, aber glaubt mir, wenn ich abends nicht bete, verdiene ich mir jedesmal ein paar Groschen auf dem Jahrmarkt.«

»Und wenn du betest?«

»Ja, wißt ihr ... das habe ich noch nicht ausprobiert ...«

Von religiösen Fastentagen hielt Herschel überhaupt nichts. Als man ihn am Jom Kippur vor das Angesicht des Rabbis von Berditschew brachte, bekannte er reuevoll: »Rabbi, ich will Euch die volle Wahrheit sagen. Vor fünf Jahren hat mir die Not, die mir aus allen Winkeln meines Hauses entgegenblickt, den sündigen Gedanken eingegeben, mir das Leben zu nehmen. Doch wie sollte ich das anstellen? Ich fürchte mich entsetzlich vor kaltem Wasser, und ich habe einen empfindlichen Hals. Einmal habe ich mir eine Schnur um den Hals gelegt … Aj, was hat das weh getan! Ebenso fürchte ich mich ganz schrecklich vor diesem … na, wie heißt dieses Ding zum Schießen? Und da fiel mir doch die Schrift ein, die Stelle, wo geschrieben steht, daß derjenige, der sich gegen die Heiligkeit des Fastentages vergeht, tot umfällt. Was tu ich also? Ich esse ausgerechnet am Versöhnungstag ausgiebig zu Mittag. Und warte … Nichts. Ich lebe. Am nächsten Versöhnungstag esse ich wieder groß zu Mittag … Nichts. Es ist schrecklich, Rabbi, was für eine zähe Natur ich habe. So esse ich nun schon seit fünf Jahren an allen Fastentagen und kann nicht sterben …!«

Ein weniger strenger Fastentag ist der Gedenktag an die Ermordung des jüdischen Statthalters Gedalja – nach der Zerstörung Jerusalems durch Nebukadnezar, 586 v. d. Z.

Bei einer anderen Gelegenheit, am Fasten-Gedalja, begründete Ostropoler seine negative Einstellung zur Askese folgendermaßen: »Weshalb ich nicht faste? Wozu, zum Teufel, soll ich denn fasten? Erstens – hätten diese Lumpen in der Bibel Gedalja nicht umgebracht, dann wäre er schon längst gestorben. Schließlich ist das schon eine Ewigkeit her. Zweitens – ich soll fasten, weil sie ihn umgebracht haben. Warum? Würde er denn fasten, wenn sie mich umgebracht hätten? Und drittens – ich faste nicht am Versöhnungstag, wie kann ich da am Todestag Gedaljas fasten?«

Herschel aus Ostropol pflegte zu sagen: »Ich verstehe nicht, warum sich alle Juden sorgen müssen. Sie könnten doch einen der Unseren anstellen, jeder zahlt ihm ein kleines Gehalt – und er sorgt sich für alle.«

»Ach, du Neunmalkluger!« unterbricht ihn einer der Zuhörer. »Wenn ihn alle bezahlen, hat er keinen Grund mehr, sich Sorgen zu machen.«

»Dann richtet es so ein, daß er das Geld durch meine Vermittlung bekommt, und er wird mehr Sorgen haben, als ihm lieb ist.«

Herschel kehrte einst auf seinen Wanderungen in einem Gasthaus ein, das am Wege lag, und traf dort auf eine äußerst geizige Wirtin.

»Ich möchte etwas essen«, bat er.

»Leider«, antwortete die Wirtin mit einem Blick auf den schäbigen Kaftan des Gastes, »es ist nichts mehr da.«

»Und was kocht Ihr in dem großen Topf dort?« fragte Herschel.

»Ach, das ist schmutzige Wäsche.«

»Dann laßt mich ein wenig ausruhen. Ich bin sehr müde.«

»Ja, setzt Euch nur …«

Da es auf den Abend zuging, machte sich das geizige Weib im Stall zu schaffen. Ostropoler nutzte die Gelegenheit und schaute in den Topf. Dort fand er Fleischpiroggen, die er mit dem größten Appetit verzehrte. Dann zog er rasch seine Unaussprechlichen aus, warf sie in das siedende Wasser und setzte sich wieder auf die Bank.

Als die Wirtin nach einer Weile in die Gaststube kam, hob sie, von einem unguten Gefühl getrieben, den Topfdeckel ab.

»Aj, Gewalt, wo sind meine Piroggen?« schrie das Weib und bedrohte Herschel mit dem Kochlöffel.

»Was für Piroggen?« fragte der Gast erstaunt. »Frau, seid Ihr bei Verstand? Ihr habt mir doch selbst gesagt, daß Ihr in dem Topf Wäsche kocht! Also hab' ich meine schmutzigen Unterhosen dazugetan …«

Einst fragte man Herschel, wie es ihm geht.

»Danke«, erwiderte er. »Sehr, sehr …«

»Was heißt, sehr, sehr?«

»Ich bin sehr hungrig, und meine Frau ist sehr krank.«

Herschel saß in Gedanken versunken da. »Worüber denkst du nach?« fragte ihn der Rabbi.

»Über das Leben im Jenseits.«

»Hast du Angst vor der Hölle?«

»Das nicht. Ich habe Angst, sie könnten mich im Paradies neben irgendeinen frommen Dummkopf setzen.«

In dem Städtchen Proskurow wohnte einst Schajko Fajfer, ein Spötter, für den es nichts Heiliges gab. Religiöse Vorschriften waren ihm zuwider, besonders aber haßte er das Fasten.

Schajko rief allgemeine Entrüstung hervor, als er am Jom Kippur auf dem Hof der Synagoge eine gebratene Hühnerkeule verzehrte.

Er mußte vor dem rabbinischen Gericht erscheinen, wo er den örtlichen Seelsorger in beträchtliche Verlegenheit brachte.

»Belehrt mich, Rabbi«, wandte er sich an den frommen Mann. »Wenn ich, gottbewahre, bettlägerig krank wäre, müßte ich dann auch fasten?«

»Siehst du, mein Sohn, das ist etwas anderes. Nach dem Gesetz ist ein schwerkranker Mensch vom Fasten befreit.«

»Also sorgt Ihr Euch nicht darum, daß ich gegessen habe, sondern darum, daß ich nicht schwer krank bin?! Aj, Rabbi, schämt Ihr Euch denn gar nicht?!«

Eine populäre Gestalt im alten Wilna war der Spötter Motke Chabad.

Vor dem Pessachfest, zu einer Zeit also, wenn im Hause kein Stückchen Brot vorhanden sein darf, versuchte ein Witzbold, sich über Motkes Armut lustig zu machen.

»Nun Motke? Hast du zum Fest schon alles vorbereitet?«

»So halb und halb«, entgegnete Motke mit Würde. »Das Geld für die Mazze habe ich zwar noch nicht beisammen, aber dafür findet Ihr im Hause nicht einen Krümel Brot …«

Motke Chabad kam einmal ohne eine Kopeke in der Tasche in eine fremde Stadt. Da ihn der Hunger plagte, betrat er ein Restaurant und ließ sich ein üppiges Mittagessen bringen, für das man ihm einen Rubel berechnete.

Als es ans Bezahlen ging, wandte er sich an den Inhaber des Lokals mit der Frage: »Sagt mal, gibt es in dieser Stadt ein Gericht?«

»Aber ja.«

»Verhängt es auch Strafen?«

»Aber ja.«

»Wie hoch ist die Strafe für das Ohrfeigen eines Menschen?«

»Fünf Rubel.«

»Dann gebt mir eine Ohrfeige und vier Rubel heraus.«

Berek hält sich für einen Meister, der jedes Rätsel zu lösen vermag. Eines Tages, als er im Kreise junger Spötter sitzt, wendet sich Horacy, mit einem Vorschlag an Berek.

»Ich wette um eine Krone mit dir, daß du mein Rätsel nicht lösen kannst.«

Der ehrgeizige Berek ist einverstanden. »Die Wette gilt.«

»Dann sag mir bitte, was der Thronfolger, Kronprinz Franz Ferdinand, und ich gemeinsam haben.«

Berek runzelt die Stirn, er denkt nach, aber er findet nicht die Antwort.

»Du weißt es nicht? Dabei ist das so einfach!« erklärt Horacy. »Wir warten beide auf eine Krone.«

UNTERWEGS

Ein Getreidehändler übernachtet in einem Gasthof an der Landstraße. Da Diebstähle in dieser Gegend keine Seltenheit sind, läßt er den Kutscher Eisik bei den Pferden zurück.

Gegen Mitternacht steht der Händler auf und tritt ans Fenster.

»Eisik, schläfst du?«

»Nein, ich schlafe nicht.«

»Und was tust du?«

»Ich überlege.«

»Was überlegst du?«

»Ich überlege: Wenn man eine Grube für ein Haus aushebt – wo bleibt da der Sand?«

»Gut, überlege weiter.«

Nach einer Stunde beginnt der besorgte Händler wieder eine Unterhaltung mit dem Kutscher.

»Eisik, schläfst du?«

»Nein, ich schlafe nicht.«

»Und was tust du?«

»Ich überlege.«

»Was überlegst du?«

»Ich überlege: Wo bleibt eigentlich der Rauch, der aus dem Schornstein aufsteigt?«

»Gut, überlege weiter.«

Kurz vor Morgengrauen tritt der Händler zum drittenmal ans Fenster.

»Eisik«, fragt er, »schläfst du?«

»Nein, ich schlafe nicht.«

»Und was tust du?«

»Ich überlege.«

»Was überlegst du?«

»Ich überlege: Ich habe doch die ganze Nacht hier gesessen und gewacht – wo sind also die Pferde geblieben?«

Der reiche galizische Geschäftsmann Alter Schmelkes will zur Hochzeit seiner Enkelin nach Berlin reisen. Er fährt mit dem Personenzug, und zwar in einem Abteil dritter Klasse.

Die Angestellten und Freunde, die ihn zur Bahn bringen, können ihre Verwunderung nicht verbergen.

»Warum nehmt Ihr nicht den D-Zug, Reb Schmelkes?« fragen sie. »Bis Berlin braucht Ihr doch gut zwei Tage!«

»Warum? Auch eine Frage!« wundert sich nun Schmelkes. »Ich zahle weniger und fahre länger!«

Der Zug hält auf einer kleinen Station. Moische, der zum erstenmal mit der Bahn fährt, steigt aus und verrichtet am Zaun ein kleines Geschäft.

Im selben Augenblick gibt der Schaffner das Abfahrtsignal, und der Zug setzt sich in Bewegung. Moische rennt hinter dem davonfahrenden Zug her und ruft: »U-wa! Immer eure dummen Witze!«

Auf dem Bahnsteig steht eine Jüdin und schluchzt.

»Warum weinst du?« fragt sie ein bärtiger Glaubensgenosse.

»Aj waj! Ich bin zu spät zum Zug gekommen ...«

»Viel zu spät?« fragt der Jude interessiert.

»Zwei Minuten vielleicht ...«

»Und da heulst du, als wärst du mindestens zwei Stunden zu spät gekommen?!«

Der Schaffner hat schon das Zeichen zur Abfahrt gegeben, als ein Jude völlig außer Atem auf den Bahnsteig stürzt, am Zug entlangläuft und verzweifelt ruft: »Griminger! Griminger!«

Ein Fenster wird heruntergezogen, und ein Reisender schaut heraus. Der Jude stellt sich auf die Zehenspitzen, versetzt dem Reisenden eine deftige Ohrfeige und verläßt den Bahnsteig.

Die Reisenden in dem Abteil halten sich die Bäuche vor Lachen. Doch am lautesten lacht der geohrfeigte Passagier.

Schließlich bemerkt jemand: »Hören Sie, wir alle lachen über Sie, aber worüber lachen Sie selbst?«

»Da fragen Sie noch? Ich bin doch gar nicht der Griminger.«

Ein Jude, der mit seiner zahlreichen Familie in einem Abteil dritter Klasse sitzt, benimmt sich sehr laut und verursacht ein riesiges Durcheinander. Ein sichtlich nervöser Passagier aus dem Nebenabteil wendet sich an den Schaffner: »Sagen Sie dem Juden nebenan«, ruft er erregt, »er soll sofort mit dem Geschrei aufhören, sonst passiert etwas!«

Der Schaffner gibt die Beschwerde des Mitreisenden weiter, doch der Jude lächelt nur bitter.

»Herr Schaffner«, erwidert er, »meine Frau ist auf dem Weg ins Krankenhaus, sie soll operiert werden, meine sechzehnjährige Tochter ist schwanger, der kleine Jossei hat in die Hosen gemacht, Moschek hat die Fahrkarten zum Fenster hinausgeworfen, und zu allem Übel fahren wir auch noch in die entgegengesetzte Richtung ... Nu sagen Sie selbst – was kann mir schon noch passieren?«

Uscher Gold, ein Getreidehändler aus einem galizischen Städtchen, ist gezwungen, in Lemberg zu übernachten. Also begibt er sich in ein Hotel.

»Ich bitte um ein Einbettzimmer.«

»Mit fließendem Wasser?« fragt der Portier.

»Was glauben Sie, was ich bin?« entgegnet Gold. »Eine Forelle?«

Ein anderer galizischer Kaufmann – Israel Karpf – hatte geschäftlich in Krakau zu tun und stieg im »Französischen Hotel« ab.

»Ich bitte um ein Zimmer.«

»Mit Bad?« fragte der Portier.

»Guter Mann«, antwortete der Gast, »ich heiße nur Karpf ...«

Vor dem ersten Weltkrieg stand das Hotel in Berditschew in dem denkbar schlechtesten Ruf. Es war dort sehr eng, aber auch schmutzig. Trotzdem wurde es gut besucht, besonders von strenggläubigen jüdischen Händlern. Von seiner Popularität zeugt u. a. die Tatsache, daß an Tagen, an denen Jahrmarkt abgehalten wurde, häufig zwei Händler in einem Bett schliefen.

Ein anspruchsvollerer Gast kam ins Hotel und fragte gleich an der Portierloge den Besitzer, ob es in seinem Gasthof etwa Ungeziefer gäbe.

»Gottbehüte!« antwortete der Wirt im Brustton der Überzeugung.

Als er am nächsten Morgen dem Gast auf der Treppe begegnete, fragte er ihn höflich: »Nun, wie haben Sie geschlafen?«

»Schlecht. Ich habe die ganze Nacht kein Auge zugetan.«

»Aj, warum denn?«

»Ich habe im Bett eine tote Wanze gefunden.«

»Die eine tote Wanze hat Sie nicht schlafen lassen?« meinte der Wirt verwundert.

»Nu, Sie hätten die Scharen lebender Wanzen sehen sollen, die zu ihrem Begräbnis gekommen sind!«

Am Jahrmarktstag sucht ebendieses Hotel in Berditschew ein wohlbeleibter Kaufmann auf und will sich um keinen Preis von dem Besitzer abweisen lassen.

»Hören Sie! Ich kann doch nicht auf der Straße übernachten!« ruft er empört.

Schließlich hat der Wirt ein Einsehen.

»Versuchen Sie es in der ersten Etage«, rät er ihm, »dort hat ein reicher Grossist ein Doppelbettzimmer gemietet. Vielleicht erlaubt er Ihnen, das andere Bett zu benutzen.«

Der Händler betritt das ihm gewiesene Zimmer und sieht, daß der reiche Kaufmann in das wichtige Achtzehn-Segenssprüche-Gebet vertieft ist, bei dem man kein Wort sprechen darf. Der neue Gast wagt jedoch zu fragen: »Entschuldigen Sie, der Wirt schickt mich. Erlauben Sie, daß ich in dem anderen Bett übernachte?«

Der Grossist nickt, ohne von seinem Gebetbuch aufzublicken.

Nun fragt der dicke Kaufmann schon dreister: »Hören Sie, ich habe hier eine Menge Geschäfte zu erledigen. Erlauben Sie, daß ich erst spät am Abend wiederkomme?«

Der Grossist, der so eifrig in sein Gebet vertieft ist, nickt erneut.

Nun stellt der Kaufmann auch noch die letzte Frage: »Sagen Sie, kann ich mir, wenn ich spätabends komme, ein Mädchen mitbringen?«

Der Grossist blickt auch jetzt nicht von seinem Gebetbuch auf, sondern hebt, wie zum Schwur, *zwei* Finger empor.

Moische will verreisen. Als er zum Bahnhof kommt, fährt der Zug gerade ab. Er sieht nur noch die Schlußlichter.

Sagt der Stationsvorsteher: »Na, Moische, Ihr habt wohl den Zug verpaßt?«

Antwortet Moische: »No na, verscheucht werd' ich 'n haben …«

Ein herrlicher Junitag. Der Krämer Uscher ist beim Sonntagsspaziergang tief in den Wald hineingeraten. Plötzlich vertritt ihm ein Räuber den Weg; in der Hand hält er einen riesigen Revolver.

»Geld oder das Leben!«

Uscher hat in dem Räuber sofort einen Glaubensgenossen erkannt und erwidert deshalb gutmütig: »Scha! Steckt bitte den Revolver weg, sonst geht der – gottbehüte – noch los. Wir einigen uns bestimmt im guten. Ich bin ein armer Krämer. Wenn ich das ganze Bargeld hergebe, kann ich morgen keine Waren für meinen Laden kaufen, und womit soll ich dann handeln …?«

In den Augen des Räubers glimmt so etwas wie Mitleid auf. »Wer sagt, daß Ihr nicht handeln sollt? Natürlich sollt Ihr handeln! Gebt mir hundert Złoty, und wir sind quitt.«

»Hundert Złoty!« ruft Uscher. »Das sagt sich so leicht: hundert Złoty! Ich habe eine Frau und vier Kinder.«

»Na, sagen wir fünfzig!«

»Fünfzig? Woher soll ich eine solche Summe nehmen! Meine Frau ist herzkrank; dauernd rennt sie zum Doktor und zum Apotheker, und Ihr wißt – nicht auf Euch sei's gesagt –, was das für Spitzbuben sind! Die wollen immer bloß Geld!«

»Wieviel also, zum Donnerwetter?«

»Fünf Złoty.«

Der Räuber läuft rot an vor Zorn. »Fünf Złoty?!« ruft er wütend. »Wofür haltet Ihr mich – für einen Räuber oder für einen Bettler?!« Und beleidigt verschwindet er im Gebüsch.

Ein jüdischer Händler fährt in die Kreisstadt zum Jahrmarkt. Auf halbem Wege, als er durch dichten Wald kommt, springt ein bewaffneter Bandit aus dem Gebüsch.

»Her mit dem Geld, oder ich schieße!« ruft er drohend.

Der Jude überlegt kurz und sagt dann: »Natürlich geb' ich dir mein Geld. Alles geb' ich dir. Warum sollt' ich wegen dem lausigen Geld mein Leben aufs Spiel setzen? Aber hör mal, ich hab' auch eine Bitte. Meine Frau ist sehr mißtrauisch; sie wird denken, ich hab' das Geld in der Stadt versoffen oder – gottbehüte – beim Kartenspiel verloren. Schieß mir doch bitte ein Loch in den Kaftan, damit sie mir glaubt.«

Der Bandit erfüllt die ungewöhnliche Bitte.

»Und jetzt ein zweites, an anderer Stelle«, bittet der Händler. »Zwei Löcher sind überzeugender.«

Der Räuber schießt noch einmal.

»Jetzt noch in den Hut. Schieß mir ein Loch in den Hut.«

Der Räuber kratzt sich am Kopf.

»Gern, aber … ich hab' keine Kugeln mehr.«

Darauf der Händler: »Aj, wenn du keine Kugeln hast, wieso soll ich dir dann mein Geld geben?!«

UNTER ZAR UND KAISER

Während der Herrschaft von Zar Nikolaus I. kam es vor, daß in den russischen Städtchen jüdische Kinder eingefangen wurden. Man holte den ersten besten Jungen von der Straße weg und steckte ihn in eine Militärschule, um ihn zu einem dem Zaren ergebenen Soldaten zu erziehen.

Da Familienväter vom Militärdienst – er dauerte bis zu fünfundzwanzig Jahren – befreit waren, kamen die Juden auf die Idee, kleine Kinder zu verheiraten.

Vor dem Häuschen seines Vaters spielt der achtjährige Itzig. Der Junge ist barfuß, am Leibe trägt er nur Hemd und Kaftan.

Ein vorbeikommender Jude spricht ihn an: »Hör mal, Itzig, warum bist du nicht im Cheder?«

»Ich gehe nicht mehr in den Cheder«, antwortet das Bürschlein. »Vorgestern habe ich geheiratet …«

»Wenn du verheiratet und das Oberhaupt einer Familie bist, wieso läufst du dann ohne Hosen herum?«

»Ich mußte sie meinem kleinen Bruder borgen. Der heiratet heute …«

»Gestern früh habe ich gesehen, wie Gendarmen drei Juden, einen Tataren und zwei Armenier abführten.«

»Warum wundert dich das, Abraham? Der Zar hat doch eine neue Verfassung herausgegeben, die allen Völkern Rußlands die gleichen Rechte einräumt …«

Der Besitzer einer jüdischen Elementarschule, eines Cheder, hatte Steuerschulden in Höhe von drei Rubeln. Da er diese Summe nicht fristgemäß bezahlte, erschienen bei ihm zwei Polizisten. Der eine nahm einen Messingleuchter mit, der andere ein Kopfkissen. Der Schuldner begab sich zum Polizeirevier und fragte den Kommissar: »Wie soll ich das verstehen, Euer Wohlgeboren? Soll der Melamed nachts schlafen? Warum habt Ihr mir dann das Kopfkissen weggenommen? Oder soll er nachts lernen? Doch warum habt Ihr mir dann den Leuchter weggenommen?«

»Darum habe ich ja zwei Polizisten zu dir geschickt«, antwortete der Kommissar. »Der eine war der Meinung, daß du nachts schlafen sollst, deshalb hat er dir den Leuchter weggenommen. Der andere meinte, du solltest nachts lernen, also hat er das Kopfkissen mitgenommen.«

In der Zarenzeit war Petersburg eine den Juden verschlossene Stadt. Ausgenommen davon waren nur Großindustrielle und Kaufleute der »Ersten Gilde«.

Nicht einmal der russisch-jüdische Dichter Samuel Frug erhielt das Aufenthaltsrecht für Petersburg. Um in der Hauptstadt wohnen zu können, mußte er sich als Hausdiener beim »Teekönig« Wissozki verdingen.

Als Professor Ginzburg davon erfuhr, erklärte er: »Petersburg ist die Stadt der gebildetsten Menschen – dort schreiben selbst Hausdiener Gedichte!«

Von sich pflegte Professor Ginzburg – ein getaufter Jude – zu sagen: »Ich habe mich aus Überzeugung taufen lassen.«

»Aus Überzeugung?« meinten seine Kollegen zweifelnd.

»Ja. Ich war schon immer davon überzeugt, daß es besser ist, Universitätsprofessor in Petersburg zu sein als ein Melamed in Schklow.«

Der Gouverneur von Grodno war ein bekannter Antisemit. Als er nach Petersburg versetzt wurde, verabschiedete ihn die Delegation der Grodnoer Juden überaus herzlich.

»Spielt mir keine Komödie vor!« fauchte der Würdenträger sie an. »Ich weiß, daß ihr mich aus tiefster Seele haßt!«

»Ganz im Gegenteil!« entgegnete der Delegationsleiter. »Wir freuen uns von ganzem Herzen über die Versetzung Eurer Exzellenz in die Hauptstadt!«

Schmul, der am nächsten Tag vor die Musterungskommission soll, fragt Moschek um Rat, wie er dem Militärdienst entgehen könnte.

»Nichts ist leichter als das!« erklärt Moschek. »Laß dir alle Vorderzähne ziehen.«

Nach einigen Tagen begegnen sich die Freunde auf der Straße.

»Du hast mir vielleicht einen Rat gegeben!« beklagt sich Schmul.

»Wieso?« fragt Moschek. »Bist du etwa tauglich?«

»I wo! Ich bin untauglich. Aber wegen meiner Plattfüße!«

Aaron muß zur Musterung. Als er vor der Kommission steht, erklärt er, daß er bei der Marine dienen möchte.

»Können Sie überhaupt schwimmen?« fragt der Vorsitzende skeptisch.

»Schwimmen?« wiederholt Aaron ungläubig. »Habt ihr denn keine Schiffe?«

Moische, der etwas stottert, muß zur Musterung.

»Wie war's?« fragen am nächsten Tag die Freunde.

»Ich b-bin u-u-untauglich«, antwortet Moische.

»Wie hast du das gemacht?«

»R-reden m-m-muß man können m-mit den L-Leuten!«

Leo Weinstein hat einen Ehrenhandel zu bestreiten. Die Sekundanten teilen ihm mit, daß das Duell auf Pistolen am nächsten Morgen um sechs Uhr stattfinden wird.

»Einverstanden«, erklärt Leo. »Sollte ich jedoch nicht rechtzeitig kommen können, so fangt schon mal ohne mich an!«

Nathan Glaskopf hat sich auf ein Amerikanisches Duell eingelassen und die schwarze Kugel gezogen. Da ist nichts zu machen! Er muß sich erschießen … Die Sekundanten drücken ihm eine Pistole in die

Hand, und Nathan geht allein in das Nebenzimmer hinüber.

Eine Weile ist es still. Dann kracht ein Schuß.

Die Sekundanten öffnen die Tür ... Nathan sitzt ruhig am Schreibtisch, die rauchende Pistole in der Hand.

»Was ist passiert?« fragen sie verwundert.

»Ich habe nicht getroffen ...«

Nach einer flammenden Rede wendet sich der österreichische Offizier an den Rekruten Gezel: »Was sollte also ein Soldat während der Schlacht beim Anblick der flatternden Fahne empfinden?«

»Wind, Herr Leutnant«, antwortet Gezel.

Der Soldat Mordechaj ist dank der Unterstützung seines Wachtmeisters Bursche beim Kompaniechef geworden. An die meisten seiner Pflichten hat er sich bereits gewöhnt, doch wie man richtig Offiziersstiefel putzt, das will er nicht begreifen.

Eines Sonntags reißt dem Oberleutnant der Geduldsfaden. »He, du Tolpatsch!« schreit er. »Hast du noch immer nicht meine Stiefel geputzt?«

»Melde gehorsamst, Herr Oberleutnant«, ruft ihm der Bursche aus der Küche zu, »daß ich gerade dabei bin, den zweiten zu putzen ...«

»Dann bring mir inzwischen den ersten herüber!«

»Melde gehorsamst, Herr Oberleutnant, daß ich den ersten immer zuletzt putze ...!«

Der Soldat Motel hält Wache am Geschütz. Gegen Mitternacht trifft ihn der Unteroffizier vom Dienst schlafend im Gebüsch an. Der Unteroffizier tobt und flucht.

»Aj, Herr Unteroffizier«, versucht Motel, ihn zu beschwichtigen, »wer wird sich gleich so aufregen? Lassen Sie sich erklären. Ich hab' versucht, die Kanone von der Stelle zu rücken. Mit ganzer Kraft hab' ich geschoben. Alles umsonst. Sie ist ungeheuer schwer, diese Kanone. Da hab' ich mir gedacht: Ein einzelner Feind wird damit nicht fertig. Und wenn mehr kommen, werd' ich mit denen nicht fertig. Jetzt verstehen Sie sicher, Herr Unteroffizier, daß ich die Kanone hab' Kanone sein lassen und schlafen gegangen bin ...«

In der zaristischen Armee prüft der Unteroffizier den Soldaten Jossel Selig.

»Soldat Selig, wozu wird das Gewehr gebraucht?«

»Das Gewehr, Herr Unteroffizier? Gottbewahre, zum Schießen!«

Der Kompaniechef stellt den Soldaten Jossel zur Rede.

»An Ihrer Uniform fehlt ein Knopf!«

»Herr Oberleutnant«, meint Jossel verwundert, »Sie haben wirklich keine anderen Sorgen?«

Schapiro, einfacher Soldat der österreichischen Armee, kann die Schießerei an der Front nicht länger ertragen. Er verläßt den Schützengraben und läuft einfach davon. Plötzlich vernimmt er ein lautes »Halt!«.

Er steht vor einem Offizier, nimmt Haltung an und versucht, sich zu rechtfertigen: »Herr Oberleutnant, melde gehorsamst …«

»Was?! Oberleutnant?!« brüllt der Offizier. »Bist du blind, Flegel? Siehst du denn nicht die Epauletten und die Streifen an den Hosen? Ich bin General!«

»Uj!« wundert sich Schapiro. »So weit hinten bin ich schon?«

Soldat Feigenduft wurde der berittenen Artillerie zugeteilt. Der jüdische Intellektuelle kann sich nicht einordnen. Er kann sich weder an das störrische Pferd gewöhnen noch an das betäubende Krachen der österreichischen Haubitzen, noch an die strenge Disziplin.

Der Wachtmeister ist verzweifelt.

»Wissen S' was«, schlägt er ihm schließlich vor, »vielleicht kaufen S' sich lieber ein eigenes Geschütz und machen sich selbständig.«

Erster Weltkrieg. Der zaristische Hauptmann spornt seine Kompanie zum Angriff an: »Vorwärts, Adler!«

Zwei Soldaten bleiben zurück.

»Und ihr Hundesöhne, warum geht ihr nicht mit vor?!« brüllt er die beiden an.

»Wir, Euer Wohlgeboren, sind keine Adler – wir sind Löwen!«

»Was für Löwen?«

»Ich bin Löw Mojssejewitsch, und er, er ist Löw Schlomowitsch.«

Auf einem Wohltätigkeitsball wendet sich ein österreichischer Offizier an eine ausnehmend schöne Jüdin, die gerade hinter dem Schanktisch aushilft: »Ich bitte um ein Glas Champagner, schöne Rebekka!«

»Sie irren sich, Herr Leutnant«, entgegnet das Mädchen. »Rebekka hat die Kamele mit Wasser getränkt, nicht mit Champagner!«

1917 besuchte der letzte Monarch aus der Dynastie der Habsburger, Karl I., die galizische Hauptstadt Lemberg. An diesem Tag wimmelte es auf den Straßen von Magistratspolizisten und Gendarmen, welche die Einwohner aus den Häusern trieben und ihnen befahlen, Hochrufe auf den Kaiser auszubringen.

In der jubelnden Menge befand sich auch eine achtzigjährige Jüdin. Als der kaiserliche Zug vorüberkam, rief das Weiblein mit heiserer Stimme: »Es lebe der Kaiser! Oj, leben soll er, wie ich die Kraft hab' zu schrein.«

JUDEN UND GOJIM

Ein Gutsbesitzer hat den Pächter der Dorfschenke kommen lassen.

»Hör mal, Moische, man hat mir erzählt, daß du ein kluger Mann bist. Ich möchte dir ein paar Fragen stellen. Aber ich sage dir schon jetzt, daß du mir für jede Frage, die du nicht beantworten kannst, einen Gulden zahlen mußt.«

»Einverstanden«, erklärt Moische. »Aber was ist, wenn ich dem gnädigen Herrn eine Frage stelle, und der gnädige Herr kann sie nicht beantworten?«

»Dann zahle ich dir zehn Gulden. Nun, gilt die Wette? Also, dann frag!«

»Was ist das, gnädiger Herr? Es fliegt mit zwei Flügeln hinauf und kommt mit sieben Flügeln herunter ...«

Der Gutsherr überlegt lange, schließlich gibt er sich geschlagen. »Ich weiß es nicht. Hier hast du zehn Gulden. Aber nun sag mir bitte, was das für ein merkwürdiges Geschöpf ist.«

»Das weiß ich auch nicht«, antwortet der Pächter lächelnd und gibt dem Gutsherrn einen Gulden wieder.

In einem Eisenbahnabteil treffen ein Pfarrer und ein Rabbiner zusammen.

Während der Unterhaltung, die in freundschaftlichem Ton geführt wird, bietet der katholische Geistliche dem jüdischen Geistlichen ein Schinkenbrot an.

Der Rabbi lehnt ab mit den Worten: »Das Gesetz verbietet uns, Schweinefleisch zu essen.«

»Wie schade«, erwidert der Pfarrer und leckt sich die Lippen, »das ist so etwas Gutes!«

Auf der nächsten Station steigt der Pfarrer aus. Der Rabbi verabschiedet sich und ruft ihm zu: »Grüßen Sie bitte Ihre Frau Gemahlin!«

Der Pfarrer wendet sich noch einmal um. »Wir katholischen Geistlichen«, sagt er, »leben im Zölibat. Ich habe keine Frau.«

Darauf der Rabbi: »Wie schade! Das ist so etwas Gutes!«

Ein Jude kommt in die Wohnung seines Nachbarn, eines Christen, und sieht an der Wand die fotografische Reproduktion eines Heiligenbildes.

»Wer ist das?« fragt er neugierig.

»Die Heilige Familie«, antwortet der Nachbar.

»Und warum haben sie sich Laken umgehängt? Sie hat kein Kleid an und er keinen Anzug …«

»Die hatten keine andere Kleidung«, erklärt der Nachbar.

»Und warum sind sie barfuß?«

»Sie hatten keine Schuhe.«

»Versteh' ich nicht«, meint der Jude verwundert. »Für Kleidung und Schuhe hatten sie kein Geld, aber fürn Fotografen hat's gereicht!«

In einem ukrainischen Städtchen war der Rabbiner mit dem dortigen Popen befreundet. Da er neugierig war, wie eine Beichte vonstatten geht, die der mosaische Glaube nicht vorsieht, kam er mit seinem Kollegen überein, daß dieser ihn in einem Winkel der Kirche verstecke, damit er von dort das für ihn fremde Ritual beobachten könne.

Der Pope setzt sich in den Beichtstuhl, vor dem eine Frau niederkniet.

»Väterchen«, sagt die Frau, »ich habe schwer gesündigt.«

»Was hast du getan?«

»Ich habe meinen Mann betrogen.«

»Wie oft?«

»Einmal.«

»Dann sprich ein Vaterunser, spende fünf Rubel für den heiligen Antonius, und deine Sünde sei dir erlassen.«

Vor dem Beichtstuhl kniet eine andere Frau nieder.
»Väterchen, ich habe schwer gesündigt.«
»Was hast du getan?«
»Ich habe meinen Mann betrogen.«
»Wie oft?«
»Zweimal.«
»Dann sprich zwei Vaterunser, spende zehn Rubel für den heiligen Antonius, und deine Sünden seien dir erlassen.«
In diesem Moment muß der Pope, von einem dringenden Bedürfnis getrieben, den Beichtstuhl verlassen, in dem unbemerkt der gelehrige Rabbi Platz nimmt.
Vor dem Beichtstuhl kniet die dritte Frau nieder.
»Väterchen, ich habe schwer gesündigt.«
»Was hast du denn getan?« fragt der Rabbi interessiert.
»Ich habe meinen Mann betrogen?«
»Wie oft?«
»Einmal.«
Der jüdische Seelsorger überlegt eine Weile und verkündet dann: »Sprich drei Vaterunser und spende fünfzehn Rubel für den heiligen Antonius. Dann kannst du deinen Mann noch zweimal betrügen!«

In einem Eisenbahnabteil wendet sich ein katholischer Pfarrer an einen mitreisenden Juden: »Ich will Ihnen eine lustige Geschichte erzählen. Ein Jude wollte nach seinem Tode unbedingt in den Himmel kommen. Natürlich hat ihn unser heiliger Petrus nicht eingelassen. Doch offenbar hat er nicht mit der Schlauheit Ihres Glaubensbruders gerechnet. Der Jude legte sich am Tor auf die Lauer, und als der himmlische Beschließer einen Augenblick lang nicht aufpaßte, stahl er sich ins Paradies. Den Aufruhr und die allgemeine Betroffenheit können Sie sich wohl vorstellen! Die Heiligen überlegten fieberhaft, wie sie ihn wieder loswerden könnten. Schließlich hatte einer von ihnen, vermutlich der heilige Expeditius, eine Idee. Er wies einen Engel an, vor dem Tor laut zu rufen: ›Handelle, handelle, billig zu verkoifen!‹

Der Jude lief sofort hinaus, und die Heiligen schlugen rasch hinter ihm das Tor zu. Nun, was sagen Sie dazu?«

Darauf der Jude: »Aj, das ist nicht alles. Diese traurige Geschichte geht noch weiter. Durch die Anwesenheit des Juden wurde der Himmel entweiht; er mußte also erneut geweiht werden. Und nun, Hochwürden, stellen Sie sich das Unglück vor: Man suchte im ganzen Paradies nach einem Geistlichen, der die Weihe hätte vornehmen können, fand aber keinen einzigen!«

In einer Berliner Schule nach Hitlers Machtantritt: Hoher Besuch ist gekommen. Der Lehrer möchte sich bei den Parteibonzen beliebt machen und stellt den Schülern politische Fragen.

»Heinz! Weshalb hat Deutschland den Krieg verloren?«

Heinz steht stramm und deklamiert: »Deutschland hat den Krieg verloren, weil in der Armee Juden gedient haben, und die Juden haben die Schützengräben verlassen. Deshalb hat Deutschland den Krieg verloren.«

»Gut«, lobt der Lehrer. »Horst! Weshalb hat Deutschland den Krieg verloren?«

Horst steht stramm und deklamiert: »Deutschland hat den Krieg verloren, weil in der Heeresintendantur Juden gesessen haben. Die haben die Lebensmittelvorräte gestohlen, und deshalb hat Deutschland den Krieg verloren.«

»Ausgezeichnet!« ruft der Lehrer und wendet sich an den Schüler Goldberg: »Nun, Isaak, erzähl du mir mal, weshalb Deutschland den Krieg verloren hat.«

Goldberg steht stramm und sagt: »Deutschland hat den Krieg verloren, weil im Generalstab Juden gesessen haben. Die Juden sind …«

»Du verdammter Bankert!« unterbricht ihn der Lehrer wütend. »Im deutschen Generalstab gab es nie Juden!«

»Was schreien Sie mich an, Herr Lehrer?« verteidigt sich Goldberg. »Hab' ich, Gottbehüte, gesagt, daß im deutschen Generalstab Juden gesessen haben?! Im französischen Generalstab haben Juden gesessen, und deshalb hat Deutschland den Krieg verloren ...«

In einem Eisenbahnabteil wird über berühmte Leute gesprochen. Am Fenster sitzt ein jüdischer Intellektueller und streut kurze Bemerkungen über die Herkunft der jeweiligen Persönlichkeit ein.

»Einstein ...«

»Jude.«

»Spinoza ...«

»Jude.«

»Kolumbus ...«

»Marane, getaufter spanischer Jude.«

»Mickiewicz ...«

»Seine Mutter war eine getaufte Jüdin.«

Da kann die neben ihm sitzende Dame nicht mehr an sich halten und ruft fassungslos: »Jesus, Maria!«

Darauf unser Intellektueller: »Beides Juden.«

Es war zur Weihnachtszeit, und Heiligabend fiel in jenem Jahr auf einen Freitag. Moische Mandelstam, ein armer Händler, beging den Freitagabend – wie sich das für ein frommes jüdisches Haus gehörte – immer sehr würdig: mit gutem Essen, auf das man die ganze Woche gespart hatte, und in Anwesenheit aller Kinder und Enkelkinder.

So auch an jenem Abend.

Die ganze Familie saß erwartungsvoll um den langen, weißgedeckten Tisch – in Wirklichkeit hatte man zwei Tische zusammengeschoben, die von einem Ende der großen Stube bis zum anderen reichten –, indes die Großmutter Schüssel um Schüssel hereintrug. Sie gestattete niemandem, ihr dabei zu helfen; es mußte würdig zugehen, ohne Herumgelaufe, Gedränge und Gestoße.

Während nun alle um den Tisch saßen und Großmutter Chana noch immer ein und aus ging, zupfte ein Enkelkind den Großvater am Ärmel und deutete auf eines der Fenster. Draußen, auf der Gasse, stand ein Mann; er stand unbeweglich im Schnee und starrte durch das Fenster auf den Großvater. Alle wußten sofort: Es war ein Bittgänger, ein Christ. Großvater Mandelstam hatte den Mann bemerkt; er winkte ihn zu sich und bedeutete ihm, er möge warten und ja nicht weggehen.

Kurz danach kam die Großmutter ins Zimmer und brachte auf einem Porzellanteller die Hauptspeise des Abends, eine ziemlich große, gebratene Gans. Die stellte sie vor den Großvater, damit er als Haupt der Familie den Vogel tranchiere. Kaum war jedoch die Großmutter wieder hinausgegangen, um noch Zuspeisen und Salat zu holen, da ergriff der Großvater den Teller mit der Gans und eilte zum Fenster, das vergittert war, öffnete es und zwängte die Gans mit aller Kraft hindurch, in die Hände des draußen stehenden Armen. Als dies geschehen war, winkte er ihm, zu verschwinden. Den Porzellanteller schob er unter die Kredenz und setzte sich wieder an den Tisch.

Da kam auch schon die Großmutter herein; sie schaute auf den Tisch und sagte: »Nu, was ist, Moische, warum hast du nicht ausgeteilt?«

»Doch, doch«, erwiderte der Großvater, »ich habe ausgeteilt.«

Großmutter blickte um sich, auf die leeren Teller. »Was ist? Was ist?«

Und man muß es ihr lassen: Sie hatte sehr schnell erfaßt, was geschehen war; schließlich war sie lange genug mit dem Großvater verheiratet. Sie setzte sich langsam in einen Sessel und sagte kein Wort, blickte nur verloren von einem zum anderen, und ein Enkel sagte: »Es war einer von jenen aus der Unterstadt, denen die Häuser abgebrannt sind; die gehen jetzt überall absammeln. Weil doch heute Weihnachten ist.«

»Weihnachten, Weihnachten!« schrie die Großmutter. »Weihnachten …« Es war, als hätte man mit ihr über jemanden gesprochen, der zwei Nasen hat. »Und was sollen *wir* jetzt essen?«

»Ich sehe hier noch sehr gute Sachen herumstehen«, sagte der Großvater. »Gebackene Erdäpfel und Kraut und Rotkraut und Erdäpfel und Kraut und Erdäpfel und Kraut …«

»Kraut und Erdäpfel!« schrie die Großmutter. »Kraut und Erdäpfel! Und das soll Schabbes sein?!«

Da seufzte der Großvater, strich sich seinen langen roten Bart und sagte: »Laß doch, laß doch, Chana, Schabbes ist jede Woche, und Weihnachten, Weihnachten haben sie doch nur einmal im Jahr …«

Chełm – Die Stadt der einfältigen Juden

Weshalb galten die Juden aus Chełm als einfältig und dumm? Weshalb erzählte man sich seinerzeit über sie so viele Anekdoten, die ihrem Ruf abträglich waren?

Die Stadt Chełm liegt bekanntlich auf einem Hügel. In früherer Zeit, als es noch keine Wasserleitungen gab und selbst die gewöhnlichen Brunnen sich in einem Zustand befanden, daß nicht einmal ein Goj es fertiggebracht hätte, Wasser daraus zu schöpfen, holte man das Wasser aus dem Flüßchen, das am Fuße des Berges vorbeifließt. Damals hieß es allgemein: »Wie dumm doch diese Chełmer Juden sind! Bergab tragen sie die leeren Eimer und bergauf die vollen …«

Unweit von Chełm ragte ein hoher Berg empor, der in den Morgenstunden die halbe Stadt in Schatten hüllte. Da es damals noch wenig Uhren in der Stadt gab, standen die einen schon im Morgengrauen auf, während andere erst um die Mittagszeit aus den Betten fanden. Das führte häufig genug zu Mißverständnissen und Streit.

Um diesem Zustand abzuhelfen, trat die Kehilla, der jüdische Gemeinderat, zusammen und beschloß nach dreitätigen hitzigen Debatten, die Ursache dieses Ärgernisses einfach ein Stück weiterzuschieben.

An dem festgesetzten Tag fanden sich alle Männer ein, stellten sich vor dem Berg auf und stemmten sich mit der Schulter dagegen. Da jedoch eine unerträgliche Hitze herrschte, entledigten sie sich bald ihrer Oberbekleidung, um die sich unverzüglich die Diebe kümmerten.

Als sie nach Stunden angestrengter Arbeit beschlossen, ein wenig auszuruhen, beschattete der kluge Feiwel mit der Hand die Augen, blickte hinter sich und rief freudig erregt:

»Juden! Wir haben den Berg schon ein gutes Stück weitergeschoben! Unsere Kaftans sind nicht mehr zu sehen!«

Ein Chełmer Kaufmann erteilt seinem Diener einen Auftrag: »Hier hast du einen Brief und dreißig Kopeken«, sagt er. »Den Brief wirfst du in den Briefkasten, aber kaufe vorher eine Marke und kleb sie auf den Umschlag!«

Der Diener hat den Auftrag rasch ausgeführt, gibt aber seinem Brotherrn die dreißig Kopeken wieder.

»Hast du denn keine Briefmarke gekauft?« will der Kaufmann wissen.

»Halten Sie mich für einen Dummkopf?« erwidert der Diener. »Ich hab' mich genau umgeschaut. Auf der Straße war keine Menschenseele. Da hab' ich den Brief rasch in den Kasten geworfen … ohne die Briefmarke!«

Ein Schriftsteller hat ein Mädchen aus Chełm geheiratet. Eines Tages geht er zu einer Sitzung, läßt jedoch einen Stapel beschriebener Blätter auf dem Schreibtisch zurück.

Als er nach Hause kommt und sein Arbeitszimmer betritt, beschleicht ihn ein ungutes Gefühl: Der Schreibtisch ist ideal aufgeräumt, von einem Manuskript keine Spur.

»Sag mal, Schatz«, fragt er seine bessere Hälfte, »hast du etwa alle meine Papiere verbrannt?«

»Na hör mal«, erwidert die junge Frau entrüstet, »du glaubst wohl, ich bin so töricht und verbrenne die sauberen Blätter? Die liegen alle im Schubfach. Verbrannt habe ich nur die beschriebenen!«

Der kluge Joel, der Stolz der Stadt Chełm, hat einen Brief erhalten und entnimmt dem Umschlag ein weißes, unbeschriebenes Blatt Papier. Er betrachtet es von allen Seiten und erklärt schließlich nach längerem Nachdenken: »Der ist bestimmt von meinem älteren Bruder David. Wir sprechen nämlich nicht miteinander …«

Ein Handlungsreisender aus Chełm war besonders zerstreut. Deshalb fertigte er jedesmal, ehe er sich in einem Hotel schlafen legte, eine genaue Aufstellung seiner Sachen an, um am nächsten Morgen ja nichts zu vergessen. Zum Schluß fügte er dann noch hinzu: »Ich selbst liege im Bett …«

Eines Morgens nun steht er auf, überprüft seine Sachen – es stimmt alles. Nur das leere Bett bereitet ihm Kopfzerbrechen.

Plötzlich kommt ihm ein rettender Gedanke: Wenn ich nicht im Bett liege, dann bin ich wahrscheinlich unters Bett gefallen!

Er kriecht unter das Bett und stellt zufrieden fest: »Stimmt. Ich liege unter dem Bett …!«

Ein Mann aus Chełm nimmt an einem festlichen Gelage teil. Spät in der Nacht kehrt er heim und wirft sich – so wie er geht und steht – aufs Bett: in Kaftan und Schuhen; dabei liegen die Füße auf dem Kopfkissen und der Kopf am Fußende.

Am nächsten Morgen erwacht er mit starken Kopfschmerzen. Er öffnet die Augen und sieht, daß seine Füße auf dem Kopfkissen ruhen.

»Was ist hier los?« brummt er. »Ich dachte, ich hätte Kopfschmerzen, dabei drücken mich die Schuhe ...«

Feiwel aus Chełm beschloß eines Tages, Warschau zu besuchen. Im Morgengrauen stand er auf, nahm seinen Stock, eine Tasche mit Proviant und begab sich auf den Weg in die große, prächtige Stadt.

Er wanderte den ganzen Tag. Unterdessen war die Sonne untergegangen, der Abend brach herein, und Feiwel fielen vor Müdigkeit die Augen zu. Also legte er sich am Wegrand nieder, achtete jedoch darauf, daß die Füße in Richtung Warschau lagen, um am nächsten Morgen zu wissen, wohin er zu gehen habe.

Wenig später kamen zwei Spaßvögel auf der Landstraße daher, die sehr bald merkten, daß da ein Chełmer liegt. Sie ergriffen den Schlafenden bei den Beinen und drehten ihn in die entgegengesetzte Richtung.

Feiwel erwachte, rieb sich die Augen, schaute nach, in welche Richtung seine Beine wiesen, und machte sich auf den Weg. Er wanderte den ganzen Tag. Unterdessen war die Sonne untergegangen, der Abend brach herein, und Feiwel erreichte, ohne es zu wissen, das Weichbild der Stadt, die er tags zuvor verlassen hatte.

»Ganz wie in Chełm«, murmelte er verwundert vor sich hin. Er drang tiefer in die Gassen ein und konnte es gar nicht fassen. »Ganz wie in Chełm! Der Marktplatz und das Bethaus – alles wie in Chełm …«

Unversehens fand er sich in seiner Straße wieder, vor seinem eigenen Haus. »Aj, ganz wie in Chełm!«

Plötzlich öffnete sich die Tür und Feiwels Eheweib erschien auf der Schwelle.

Unser Mann aus Chełm faßte sich an den Kopf und rief mit lauter Stimme: »Gewalt geschrien! Juden! Da gibt es also auch in Warschau so'n Biest wie meine Golde?! …«

Ein Handlungsreisender kommt nach Chełm und sucht ein Restaurant mit dem appetitlichen Namen »Sara Truthahn« auf.

»Kann ich gefüllten Fisch bekommen?«

»Gefüllten Fisch?« wiederholte die Wirtin. »Übermorgen ist Markttag, da gibt es Fisch …«

»Dann vielleicht Brühe mit Huhn?«

»Huhn gab es erst gestern …«

»Und Kalbsbraten?«

»Den gibt es nur montags.«

»Nun, dann werd' ich wohl Rührei nehmen müssen.«

»Im Augenblick haben wir keine Eier ...«

Achselzuckend verläßt der Handlungsreisende das Lokal. Er hat kaum die nächste Straßenecke erreicht, als ihn, völlig außer Atem, die Besitzerin des Speiselokals einholt.

»Uff, uff! Ich habe vergessen, Ihnen zu sagen, daß wir auch keine Gänseleber mit Zwiebeln haben ...«

Zu einem Chełmer Arzt kommt ein alter Jude.

»Was fehlt Ihnen?«

»Herr Doktor, ich huste ganz schrecklich.«

»Wie alt sind Sie denn?«

»Siebzig.«

Der Arzt nach kurzem Nachdenken: »Und als Sie vierzig Jahre alt waren, haben Sie da gehustet?«

»Nein.«

»Und mit fünfzig?«

»Gottbehüte.«

»Und mit sechzig, haben Sie da gehustet?«

»Nie im Leben!«

»Nu seien Sie mal ehrlich, wann wollen Sie eigentlich husten, wenn nicht jetzt?!«

Der Schuster Chaim erzählt bei einem Gläschen:

»Meine Mutter wollte einen Schneider aus mir machen, aber mein Vater blieb hartnäckig und hat mich zu einem Schuster in die Lehre gegeben. Aj, wie klug war mein Tate! Was war das für ein kluger Mann! Stellt euch vor: Nun arbeite ich schon dreißig Jahre, und noch nie hat jemand bei mir einen Rock oder wenigstens eine lumpige Hose bestellt! Welch ein Glück, daß ich Schuster geworden bin! Als Schneider wäre ich verhungert ...«

Jechiel aus Chełm möchte auswandern, weiß jedoch nicht, wohin er fahren soll. Deshalb begibt er sich nach Warschau, zum jüdischen Emigrationsbüro »Hias«.

Nachdem er gegenüber dem Schreibtisch des Angestellten Platz genommen hat, erwägt er lange die verschiedenen Möglichkeiten. Schließlich wird der Angestellte ungeduldig und rät dem unentschlossenen Kunden: »Hören Sie, dort in der Ecke steht ein Tischchen mit einem Globus. Vielleicht gehen Sie erst einmal hinüber und suchen sich ein Land aus ...?«

Der Mann aus Chełm beugt sich über das Tischchen, überlegt eine ganze Weile und wendet sich dann an den Angestellten mit den Worten: »Mir entspricht keines dieser Länder. Zeigen Sie mir doch bitte einen anderen Globus!«

Ein Chełmer Jude fährt nach Amerika. Auf dem Ozean tobt ein Sturm. Gewaltige Brecher überspülen das Deck, das Schiff sinkt … Ringsum hört man Klagen, Gebete, Verzweiflungsschreie. Nur der Mann aus Chełm bewahrt eine stoische Ruhe.

Kommt ein Glaubensbruder auf ihn zugerannt. »Itzig, um Gottes willen! Du sitzt so ruhig da?«

»Worüber soll ich mich aufregen?«

»Versteh doch! Das Schiff sinkt!«

»Na und?« entgegnet Itzig. »Ist es vielleicht mein Schiff?«

ROSA POLLAK VON PARNEGG

Nicht nur Chełm war eine Stadt legendärer jüdischer Dummköpfe. In Wien lebte die Familie des vom österreichischen Monarchen geadelten Industriellen Pollak von Parnegg, dessen Gattin, Frau Rosa, die Heldin zahlreicher Anekdoten war.

Unmittelbar nach der Taufe begibt sich Frau Rosa mit ihrer Tochter zum sonntäglichen Gottesdienst in den Stephansdom. Im Mittelschiff bleibt sie stehen und belehrt ihren Sprößling: »Siehst. du, Malwinchen, das ist ein Gotteshaus …«

»Aber der Herrgott wohnt doch im Himmel!«

»Ja. Aber hier wickelt er seine Geschäfte ab.«

Frau Rosa erzählt ihrer Freundin Sabine: »Weißt du, ich habe mit eigenen Augen gesehen, wie dieser berühmte niederländische Maler, Rembrandt heißt er wohl, auf dem Opernplatz in die Straßenbahn Nummer Zwölf eingestiegen ist ...«

»Aber das ist doch Unsinn!«

»Wieso denn Unsinn?« entgegnet Frau Pollak gekränkt.

Darauf die Freundin: »Na, die ›Zwölf‹ fährt doch gar nicht über den Opernplatz!«

In Wien gab es zwei renommierte Restaurants, deren Besitzer italienische Juden waren: Piovati und Tonello.

Frau Rosa, die sich nach der Premiere des »Othello« den Namen des Helden der Tragödie merken wollte, verband ihn für sich mit dem Namen des Restaurants »Tonello«. Mit der Zeit verwechselte sie jedoch die beiden Lokale immer häufiger, so daß sie schließlich zu sagen pflegte: »Mein Mann ist auf mich eifersüchtig wie Piovati!«

Herr Pollak war zur Kur nach Bad Nauheim gefahren. In der Zwischenzeit starb seine Schwester.

Frau Pollak sollte ihren Mann von dem Unglück benachrichtigen, man ermahnte sie jedoch, dies mit Rücksicht auf das kranke Herz ihres Gatten so schonend wie möglich zu tun. So sandte sie denn folgendes Telegramm nach Bad Nauheim: »Adele leicht erkrankt. Begräbnis am Donnerstag.«

Frau Rosa speist in einem Pariser Restaurant. Der Ober stellt ihr ein Glas Wasser hin.

»Was ist das?« fragt Frau Pollak in gebrochenem Französisch.

»Un verre d'eau.«

Frau Rosa kostet vorsichtig von dem Getränk und wendet sich dann an ihren Gatten: »Weißt du, Moritz, wenn ich nicht wüßte, daß uns der Ober einen ›verre d'eau‹ gebracht hat, könnte ich schwören, daß es gewöhnliches Wasser ist.«

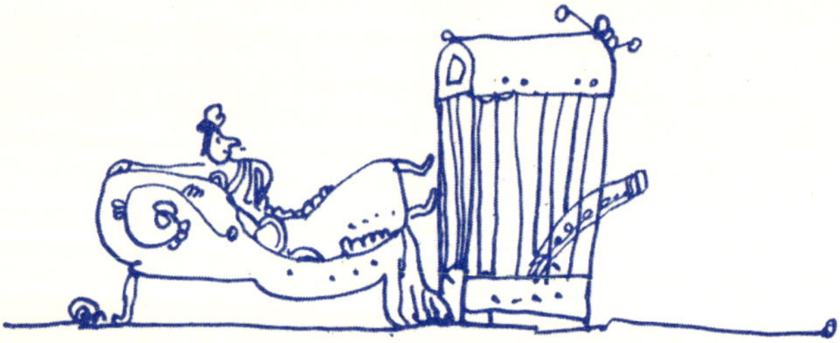

Die Tochter von Frau Pollak hat sich verlobt. Da drei Tage später die offizielle Feier stattfinden soll, schickt Frau Pollak an ihren Sohn, einen Studenten des Polytechnikums in Brünn, ein Telegramm: »Komme sofort nach Hause. Malwinchen hat sich verlobt.«

Der Sohn telegraphiert zurück: »Kann nicht kommen. Liege im Bett mit Angina.«

Darauf sendet Frau Rosa ein zweites Telegramm: »Gib ihr zwanzig Kronen, wirf sie hinaus und komme sofort.«

In einem Pariser Hotel verspürt Frau Rosa eine nahende Migräne, hat jedoch nichts Erfrischendes bei der Hand. Sie läutet dem Zimmermädchen und fragt gleichzeitig ihre Tochter: »Kannst du mir sagen, wie auf Französisch ›Oh dö Koleun‹ heißt?«

Herr und Frau Pollak von Parnegg besuchen ein Museum. Sie bleiben vor einer antiken Statue stehen.

»Ist das Alabaster?« fragt Herr Moritz den sie führenden Kustos.

Da stößt Frau Rosa ihren Gatten diskret in die Seite und flüstert ihm zu: »Du kompromittierst uns ja! Im Katalog steht deutlich, daß es sich um die Venus handelt.«

VERMISCHTES

Nach dem Jahrmarkt in Poltawa übernachten ein Jude und ein Pope im selben Hotelzimmer. Am Abend weist der Jude den Portier an, ihn um halb drei morgens zu wecken.

Im Morgengrauen steht er auf, legt jedoch in der Eile statt des Kaftans das geistliche Gewand seines schlafenden Zimmergenossen an.

Erst auf dem Bahnhof, als er in einen Spiegel blickt, bemerkt er die merkwürdige Verwandlung und ruft verärgert aus: »So ein Dummkopf von einem Portier! Statt mich zu wecken, hat er den Popen geweckt!«

Im Bethaus wurde eines Abends lebhaft über die düsteren Perspektiven des irdischen Daseins debattiert.

»Nehmt bloß den Wilnaer Millionär Opatow. Er hat ein großes Haus, eine Equipage, Dienerschaft und eine bildschöne Tochter, die Esther. Aj, ist die schön! Nu, und was hat er davon? Er muß sterben wie jeder von uns. Früher oder später treffen wir uns alle auf dem Friedhof.«

»Ich«, sagt der Beschneider, »möchte nach meinem Tode neben dem großen Talmudisten Reb Ezechiel liegen.«

»Und ich«, sagt der Kantor salbungsvoll, »möchte, daß man mich in der Nähe des weisen Gaon zur Ruhe bettet.«

»Und ich«, meint Motke seufzend, »möchte neben der Esther Opatow liegen …«

»Hast du den Verstand verloren?!« fauchen ihn die Juden an. »Die ist doch noch gar nicht gestorben!«

»Na und? Bin ich tot?«

Ein Rechtsanwalt fragt seinen jüdischen Kollegen: »Sagen Sie, Herr Kollege, weshalb bekennen Sie sich in Ihren Papieren zur jüdischen Nationalität?«

»Wie könnte ich Ihnen das am besten erklären?« erwidert der Gefragte. »Sehen Sie, Herr Kollege: Einer meiner Brüder wohnt in Kiew und gibt sich dort als Russe aus, ein anderer wohnt in Jassy und ist Rumäne, meine Schwester lebt in Budapest als Ungarin, mein Vater in Wien gilt als Österreicher, und meine Mutter in Warschau behauptet seit einiger Zeit, sie sei Polin. Deshalb dachte ich mir, daß es in einer so kosmopolitischen Familie auch einen Juden geben müßte ...«

Der reiche Dow-Ber liegt im Sterben und übermittelt seiner Frau seinen Letzten Willen: »Die Fabrik soll unser ältester Sohn, Isaak, übernehmen ...«

Darauf die Frau: »Warum Isaak? Der hat doch keinen Kopf für Geschäfte. Besser ist, Eisik übernimmt sie.«

»Meinetwegen soll sie Eisik übernehmen ... Das Haus soll Lea erben ...«

»Warum Lea? Sie und ihr Mann haben doch schon zwei Häuser! Schenk es doch Malwine!«

»Meinetwegen soll es Malwinchen haben. Das ganze Bargeld vermache ich unserem Jüngsten, Benjamin ...«

»Warum Benjamin ...?«

Da richtet sich der Sterbende im Bett auf und schreit mit erstickter Stimme: »Ich versteh' nicht! Wer stirbt hier eigentlich – du oder ich?!«

Chajim besucht das Orientalische Museum. Vor einer Buddhastatue bleibt er stehen und ruft überrascht aus: »Sechs Paar Arme – zwölf Hände! Barmherziger Gott, muß das ein geschwätziger Mensch gewesen sein!«

Der kleine Itzig fragt seinen Vater: »Tate, was ist das: Chorgesang?«

»Das sind Leute, die en gros singen.«

Zwei Juden unterhalten sich:

»Ich habe gehört, daß deine Frau gefährlich erkrankt ist ...«

»Nu, gefährlich würd' ich nicht sagen. Gefährlich ist sie nur, wenn sie gesund ist!«

Ein Akrobat in einem Berliner Zirkus errichtet einen wahren Turm aus Tischchen und Stühlen; obenauf stellt er eine Flasche, in der ein Besen steckt, und auf diesem Besen balanciert er und spielt Geige.

Stößt Baruch seine Frau an und flüstert ihr ins Ohr: »Ein Paganini ist er nicht gerade ...«

Ober: »Wie schmeckt Ihnen das Steak, mein Herr?«

»Hm ... Als Fachmann muß ich sagen, daß es sich um erstklassige Qualität handelt.«

»Der Herr sind wohl Fleischermeister?«

»Nein, Schuhmacher!«

Der Lehrer fragt den kleinen Leo: »Ich habe mir von deinem Vater hundert Kronen geliehen und ihm nach drei Monaten siebzehn wiedergegeben. Wieviel bin ich ihm noch schuldig?«

»Hundert Kronen.«

»Was denn? Du, ein Jude, und kennst dich nicht in der Mathematik aus?«

»Ich kenne mich schon aus, Herr Lehrer«, erwidert Leo, »aber Sie kennen nicht meinen Vater!«

Ein berühmter Sportler hat den Ärmelkanal durchschwommen. Am Ufer empfängt ihn eine begeisterte Menge. Unter den Neugierigen befindet sich auch ein Jude aus Galizien, der in Dover zu Besuch weilt.

Er zwängt sich bis zu dem Schwimmer hindurch und fragt ihn sachlich: »Sie wußten wohl nicht, daß auf dieser Route ständig eine Fähre verkehrt?«

In der Hauptstadt einer ausländischen Macht ruft der Geheimdienstchef seinen fähigsten Mitarbeiter zu sich und erteilt ihm folgenden Auftrag:

»Hier hast du ein Ticket. Du fliegst morgen früh nach Tel Aviv. Am Flugplatz Ben Gurion nimmst du den Bus Nummer Neun und fährst bis zur Endhaltestelle. Dort steigst du aus und gehst in Fahrtrichtung weiter. Nach etwa zehn Minuten kommst du an eine Neubausiedlung. Dort steht – inmitten der übrigen Wohnblocks – ein Hochhaus. In dem Hochhaus, im mittleren Aufgang, wohnt unser Mann. Cohn heißt er. Bei dem klingelst du und gibst dich zu erkennen. Die Losung lautet: ›Die Wüste brennt!‹ Alles Weitere erfährst du von ihm.«

Der Geheimdienstmann tut, wie ihm geheißen. Alles stimmt mit den Informationen überein, die er erhalten hat. Auch das Hochhaus steht an der beschriebenen Stelle. Doch als er nach dem richtigen Klingelknopf sucht, sieht er, daß in dem Aufgang drei Cohns wohnen: in der dritten, in der sechsten und in der siebenten Etage.

Unser Mann entschließt sich für die sechste Etage. Oben öffnet sich ein Fenster, und ein Mann schaut herunter.

»Was gibt's?« fragt er.

»Die Wüste brennt!« ruft der Besucher.

Der Mann im Fenster stutzt. Dann hellt sich sein Gesicht auf, und er ruft hinunter: »Ach, Sie wollen zu dem Spion! Der wohnt über uns!«

Als zwischen Tel Aviv und Haifa eine ständige Busverbindung eingerichtet wurde, schlug ein Angestellter vor, statt der stereotypen Schilder mit Verboten und Warnungen weniger rigorose Aufschriften anzubringen, die zugleich erzieherischen Charakter hätten.

Und so empfahl er für die Leiste über dem Sitz des Busfahrers die Aufschrift: »Einen anderen Gesprächspartner als den Fahrer hast du wohl nicht gefunden?«

Und für die Fensterleiste: »Sieh ruhig hinaus, du wirst schon sehen, wie du dann aussiehst!«

Jossek und David schippen kräftig in einem Kibbuz. Es ist Mittag. Die Sonne brennt unbarmherzig. Jossek stützt sich auf den Spaten, wischt sich die Stirn und sagt zu David: »Kannst du die Engländer verstehen? Wenn sie uns schon ein Land geschenkt haben, das ihnen nicht gehört, warum haben sie uns nicht die Schweiz geschenkt?«

Am Eingang einer Synagoge in Tel Aviv steht geschrieben: »Das Betreten der Synagoge ohne Kopfbedeckung ist eine schwere Sünde, die einem Ehebruch gleichkommt!«

Eines Tages hängt daneben ein Zettel mit folgendem Text: »Hab's ausprobiert. Kein Vergleich!«

Der Fremdenführer eines Reiseunternehmens in Israel brüstet sich bei jeder Gelegenheit mit seinem Vater und hebt hervor, was für ein genialer Architekt dieser gewesen sei.

Tel Aviv.

»Da sehen Sie, meine Herrschaften, den Gewerkschaftspalast. Er wurde nach einem Entwurf meines Vaters gebaut.«

Jerusalem.

»Dort drüben sehen Sie das monumentale Hotel ›King David‹. Der Bau entstand unter der Aufsicht meines Vaters.«

Anschließend fährt die Reisegesellschaft ins Land hinaus.

»Vor Ihren Augen«, beginnt der Reiseführer, »erstreckt sich das berühmte Tote Meer ...«

»Jaja, wir wissen Bescheid«, unterbricht ihn ein Tourist, »Ihr Vater hat es umgebracht!«

Moritz Silberstein erschien täglich nach Feierabend in einer Łódźer Eckkneipe und bestellte zwei Gläschen Schnaps, die er zügig hinunterkippte.

Nach einiger Zeit fragte ihn der Wirt, weshalb er nicht gleich einen Doppelten bestelle.

»Das geht nicht«, erklärte ihm Moritz. »Das zweite Gläschen ist für meinen Freund. Der ist schwer krank und kann nicht selber kommen.«

Der Wirt gab sich damit zufrieden, doch eines Tages bestellte Moritz nur ein Gläschen.

Besorgt erkundigte sich der Wirt, ob denn der Freund – nicht auf euch sei's gesagt – etwa gestorben sei.

»Ach wo«, entgegnete Moritz. »Dem geht es schon besser, aber ich hab' mir das Trinken abgewöhnt.«

Ein protestantischer Pfarrer kommt in den Himmel und wird von Petrus empfangen. »Hier hast du einen Kleinwagen«, erklärt ihm der Himmelspförtner, »damit du dich im Paradies ungezwungen bewegen kannst. Das ist unsere Belohnung für dein frommes irdisches Leben.«

Der Pfarrer geht auf Erkundungsfahrt durch die himmlischen Gefilde und begegnet einem »Mercedes 300«. In dem Nobelwagen sitzt ein katholischer Pfarrer. Der Protestant ist schockiert. Er kehrt sofort um und spricht bei Petrus vor.

»Sag mal«, ruft er empört, »ist das die himmlische Gerechtigkeit? Wieso hat mein ehemaliger katholischer Amtsbruder einen viel größeren und besseren Wagen?«

»Sieh mal«, entgegnet ihm Petrus, »dein Amtsbruder mußte sein Leben lang im Zölibat leben, mußte auf viele irdische Freuden verzichten. Das ist nun unsere himmlische, ausgleichende Gerechtigkeit.«

Der Protestant sieht das ein und begibt sich wieder auf die Reise. Diesmal begegnet er einem Rolls Royce, am Steuer sitzt ein livrierter Diener, und im Fond, umgeben von Fernsehapparat, Telefon und Hausbar, hat es sich der Rabbi seines Heimatortes bequem gemacht. Unser Pfarrer fährt wieder bei Petrus vor.

»Hör mal, Petrus«, ruft er schon von weitem. »Die Sache mit dem Zölibat hab' ich ja eingesehen. Aber der Rabbi?! Ich kenne ihn. Der war sogar dreimal verheiratet, und überhaupt! Diese Bevorzugung!«

»Tja«, sagt Petrus, »da kann man nichts machen: Verwandtschaft!«

In Prag. Kohn und Jelinek überqueren im Gespräch vertieft bei Rot die Straße. Ein Verkehrspolizist stellt sie zur Rede und verlangt zwanzig Kronen Strafgeld.

»Sagen Sie«, meint da Kohn, »gilt das auch für die Helden vom Dukla-Paß?«

Der Polizist wird verlegen. »Nun gut«, sagt er versöhnlich, »lassen wir es bei der Ermahnung. Aber seien Sie das nächste Mal vorsichtiger. Schließlich liegt das in Ihrem eigenen Interesse.«

Auf der anderen Straßenseite angelangt, fragt Jelinek: »Hör mal, Kohn, seit wann sind wir Helden vom Dukla-Paß?«

»Na schön, sind wir nicht«, antwortet Kohn. »Aber fragen wird man ja noch dürfen!«

Rosenblatt kommt mit Frau und vier Kindern in ein Lokal, bestellt einen Krug Bier und sechs leere Gläser, dazu sechs Teller mit Besteck. Er schenkt von dem Bier ein, seine Frau packt eine gebratene Gans und Weißbrot aus.

Der Kellner stürzt zum Wirt: »Nun sehen Sie sich das an!«

»Lassen Sie mich nur machen«, erwidert der Wirt und tritt entschlossen an den Tisch der Familie Rosenblatt.

Herr Rosenblatt dreht sich gemächlich um und fragt vorwurfsvoll: »Nu, was ist, Herr Wirt? Gibt's heute kein Konzert?«

Ein Herr hastet durch die Bahnhofshalle, in jeder Hand einen schweren Koffer. Er hat kaum noch eine Minute bis zur Abfahrt des Zuges, weiß aber nicht, von welchem Bahnsteig der Zug abgeht. Da stößt er auf einen bärtigen Juden. »Sagen Sie«, keucht der Reisende, »von welchem Bahnsteig geht der Zug nach Lemberg?«

Der Jude krault sich gemächlich den Bart und fragt wohlwollend: »Sie woll'n wohl verreisen?«

ANEKDOTISCHES

Der Wiener Humorist Moritz Saphir wurde einmal gefragt, weshalb der Thronfolger mit Vollendung des vierzehnten Lebensjahres zum König gekrönt werden kann, er aber erst mit achtzehn Jahren heiraten darf.

»Das ist doch zu verstehen«, antwortete der gefürchtete Spötter. »Es ist eben leichter, einen Staat zu regieren als eine Frau.«

Königin Viktoria, die in allen Angelegenheiten ihren Premierminister, den Juden Disraeli, zu Rate zog, stellte ihm einmal die Frage: »Was ist der Unterschied zwischen einem Unglücksfall und einem Unglück?«

»Das ist ganz einfach«, antwortete der Diplomat. »Wenn mein erbittertster Feind, Lord Gladstone, ins Meer fiele, wäre das ein Unglücksfall! Würde ihn jedoch jemand aus dem Wasser ziehen, so wäre das ein Unglück.«

Ein mit Moses Mendelssohn befreundeter Kanonikus meinte einmal zu dem Philosophen: »Ihr Juden glaubt doch seit undenklichen Zeiten an Gott den Vater. Warum nicht auch an seinen Sohn? Ihr gewährt doch sonst den Kindern von Mächtigen und Reichen gerne Kredit …«

»Wie können wir dem Sohn Kredit gewähren«, entgegnete der Philosoph, »wenn wir wissen, daß der Vater ewig leben wird?«

Berlin. Ein Offizier, der sehr wohl wußte, wer Moses Mendelssohn ist, sprach ihn auf der Straße an und fragte spöttisch: »Nu, womit handelt Ihr? Ich kauf Euch gern etwas ab!«

»Für das, womit ich handle«, entgegnete der Philosoph, »habt Ihr keine Verwendung. Ich handle mit Verstand.«

Heinrich Heine äußerte sich über Meyerbeers Kompositionen folgendermaßen: »Seine originellste Oper sind zweifellos die ›Hugenotten‹. Die Christen bekämpfen sich dort gegenseitig, und ein Jude schrieb dazu die Musik.«

Über seinen reichen Onkel Salomon pflegte Heine zu sagen: »Mir hat meine Mutter in der Kindheit Märchen vorgelesen, ihm – die seine – Räubergeschichten. Und so bin ich Dichter geworden, er hingegen Bankier.«

Als man Heine ins Hospital brachte und die Krankenschwestern ihn zum Wagen hinuntertrugen, sagte er zu den Freunden: »Wie ihr seht, hat sich in meinem Leben kaum etwas geändert. Die Frauen tragen mich noch immer auf Händen.«

Als am Tage vor seinem Tod der Notar bei ihm erschien, richtete sich Heine auf und erklärte feierlich: »Ich verschreibe mein gesamtes Vermögen meiner Frau Mathilde – unter der Bedingung, daß sie wieder heiratet.«

»Weshalb?« fragte der Notar verwundert.

»Ich möchte, daß wenigstens *ein* Mensch meinen Tod aufrichtig beweint.«

Achad Haam, der Philosoph und Begründer der Lehre vom geistigen Zionismus, wurde einmal gefragt, weshalb wir so oft kluge Leute vor den Türen der Reichen sehen, die Reichen jedoch nie vor den Türen kluger Leute.

»Deshalb«, antwortete der Philosoph, »weil kluge Leute den Wert des Reichtums kennen, aber die Reichen die Klugheit nicht zu schätzen wissen.«

Achad Haam hatte in Odessa über Mose einen Vortrag gehalten, der auf den heftigsten Widerspruch orthodoxer jüdischer Kreise stieß. Einer der Zuhörer bemerkte dazu: »Bislang wußte kein Mensch, wo sich Mosis Grab befindet. Nun wissen wir es: Achad Haam hat den Propheten im Odessaer Klub der Schriftsteller begraben.«

Der französische Dramatiker und Novellist Tristan Bernard, der gerade an der Côte d'Azur weilte, lud seine Freunde in ein vornehmes Lokal ein. Es stellte sich jedoch heraus, daß die Höhe der Rechnung die kühnsten Erwartungen des Schriftstellers übertraf. Nachdem er die Rechnung beglichen hatte, ließ er den Inhaber des Lokals kommen.

Dieser trat unsicheren Schrittes an den Tisch, doch Bernard erhob sich, umarmte ihn, küßte ihn auf beide Wangen und erklärte feierlich: »Ich möchte mich ganz herzlich von Ihnen verabschieden, denn wir werden uns nie wiedersehen!«

Max Liebermann malte das Porträt einer alternden Dame, der Gattin eines bekannten Bankiers. Als die Dame einige kritische Bemerkungen über ihr Konterfei machte, unterbrach der Künstler sie mit der Drohung: »Noch ein Wort, und ich male sie so, wie sie wirklich aussehen!«

Max Liebermann porträtierte einen bekannten Internisten. Der Professor erklärte, daß er aus Zeitmangel dem Künstler nur zweimal sitzen könne.

Dann fügte er hinzu: »Mir genügt übrigens für eine Diagnose eine einzige Visite des Patienten.«

»Nun ja«, entgegnete der Maler. »Wenn Sie etwas verpfuschen, dann deckt Ihre Arbeit der Rasen zu. Mißlingt dagegen mir eine Arbeit, so hängt sie noch Jahre an der Wand und zeugt gegen mich.«

Zu Max Liebermann kam eines Tages einer der minderbegabten Münchner Maler und sagte schwer seufzend: »Stellen Sie sich vor: Es gibt Dummköpfe, denen meine Bilder nicht gefallen!«

»Trösten Sie sich«, erwiderte Liebermann. »Es gibt auch Dummköpfe, denen Ihre Bilder gefallen.«

Eines Tages hatte Albert Einstein auf der Bank einen Scheck einzulösen. Als er zum Wagen zurückkehrte, stellte er fest, daß sein Mantel fehlte, den er auf dem Sitz zurückgelassen hatte. Sofort war er von einer Schar Schaulustiger umringt.

»Das ist Ihre Schuld!« meinte einer. »Man läßt den Mantel nicht so leichtsinnig im Auto liegen.«

Ein zweiter erklärte: »Der Chauffeur ist schuld. Er hätte sehen müssen, daß die Tür nicht verschlossen war ...«

»Ach was, der Chauffeur!« wandte ein dritter ein. »Der Bankportier hätte den Dieb bemerken müssen, wie er mit dem Mantel davonlief!«

»So ist es!« meinte der berühmte Physiker zum Schluß seufzend. »Wir alle drei sind schuld. Unschuldig ist nur der Dieb, weil der arme Kerl ein paar Dollar für das tägliche Brot braucht ...«

Einstein besucht mit seiner Frau ein Observatorium in Kalifornien.

»Und was ist das?« fragt Frau Einstein und deutet auf ein kompliziertes Gerät.

Man erklärt ihr, der Mechanismus diene dazu, die Form des Universums zu bestimmen.

»Ach, wirklich?« erwidert Frau Einstein. »Mein Mann tut das auf der Rückseite alter Briefumschläge ...«

In Warschau, auf dem Friedhof an der Gęsiastraße, fand 1915 die Beisetzung des Klassikers jiddischer Literatur, J. L. Perez, statt. Unter den Rednern befand sich auch der Vorsitzende der Warschauer jüdischen Gemeinde, deren langjähriger Mitarbeiter der Dichter war.

Der Herr Vorsitzende trat an das offene Grab des hervorragenden Schriftstellers und sprach folgende Worte:

»Meine Herren! Dieser Perez war wirklich ein großer Mann! Er ist während der vielen Jahre unserer

Zusammenarbeit nicht ein einziges Mal zu spät zur Arbeit gekommen …«

Ende der dreißiger Jahre gab der polnische Dichter Julian Tuwim, der sich damals auf der Höhe seines Ruhms befand, telefonisch ein Telegramm auf.

Das Fräulein am anderen Ende der Leitung wiederholte fehlerfrei den Text des Telegramms, hatte auch den Vornamen richtig verstanden, nur mit dem Nachnamen hatte sie Schwierigkeiten.

»Tufin? Turyn? Ich habe nicht verstanden …«

»Nun, dann will ich Ihnen meinen Namen buchstabieren. Schreiben sie bitte: T – wie Tetryl, U – wie Uran, W – wie Wasserstoff, I – wie Inulin, M – wie Mangan.«

»Ach, Tuwim!« rief das Mädchen erfreut aus.

»Also wissen Sie nun, wer ich bin?«

»Natürlich! Sie sind bestimmt Chemiker!«

Im Warschauer Literatencafé »Ziemiańska«. An den Tisch, an dem Tuwim in Gesellschaft anderer Größen der Dichtkunst sitzt, tritt ein debütierender Reimeschmied, dem es gelungen war, in der Tagespresse ein paar Gedichte unterzubringen. Er streckt

Tuwim die Hand hin und sagt laut und herzlich: »Servus, Kollege!«

Tuwim drückt die Hand des jungen Mannes und fragt mitfühlend: »Kollege? Sie haben also auch den Schnupfen?«

Der jüdische Dichter und Dramaturg Alter Kazisna trat häufig in Arbeiterklubs auf. In jener Zeit waren solche Autorenlesungen völlig uneigennützig.

Eines Abends brachte der Versammlungsleiter nach dem Vortrag des Dichters einen Hochruf aus: »Es lebe Alter Kazisna!«

Darauf der Dichter sachlich: »Wovon?«

Während seines Aufenthalts in Wien besuchte J. B. Singer, der jetzige Nobelpreisträger, regelmäßig das Café »Graben«, wo er jedesmal darum bat, man möge ihm den »Völkischen Beobachter« bringen.

Eines Morgens wagte es der Ober, den berühmten Gast zu fragen, weshalb er immer wieder um eine Zeitung bitte, die seit so vielen Jahren nicht mehr erscheine.

»Ich kann gar nicht oft genug hören«, antwortete der Schriftsteller, »daß dieses Hetzblatt nicht mehr existiert.«

Der hervorragende jiddische Romancier und Dramatiker Scholem Asch äußerte einmal im Kollegenkreis: »Die schönste Sprache der Welt ist Jiddisch.«

»Wieso?« wollten die Kollegen wissen.

»Na, weil man jedes Wort versteht …«

NACHWORT

Horacy Safrin (1899–1980) stellt seiner Sammlung jüdischen Humors die Zeilen des populären jiddischen Liedes vom »Schtetele Belz« voran. Auch er wurde in einem typischen ostgalizischen Schtetl, in der Nähe von Buczacz, geboren. Das osteuropäische Judentum lebte damals in einer rückständigen Agrargesellschaft, die mit kleinsten Schritten der industriellen Revolution entgegenging und dennoch durch sie in den Grundfesten erschüttert wurde. Die Aufklärung, die mit Moses Mendelssohn begann, hatte unter den Juden Mitteleuropas schon im 18. Jahrhundert Fuß gefaßt und in Österreich und Deutschland zur Emanzipation geführt; in die noch recht geschlossene Welt des osteuropäischen Judentums drang sie hingegen recht langsam ein und dauerte dort als geistige Strömung bis zum Ausbruch des zweiten Weltkrieges an.

Der junge Safrin sah seinen Platz unter den aufgeklärten Juden. Er studierte in Wien Germanistik und Anglistik und besuchte die dortige Theaterschule. In den dreißiger Jahren war er dann selber literarischer Leiter des »Goldfaden-Studios« in Stanisławów (Südostpolen) und reiste mit jiddischen Wanderbühnen durch das Land. Dabei lernte er das Leben des einfachen jüdischen Volkes gründlich kennen. Viele der Geschichten, die er später, nach fast dreißig Jahren, aufschrieb, hatte er selbst erlebt, andere wurden ihm zugetragen, und wieder andere waren einfach Allgemeingut der jüdischen Menschen und schon vor ihm gesammelt und aufgeschrieben worden. Doch die nach dem zweiten Weltkrieg im deutschen Sprachraum erschienenen Sammlungen jüdischen Humors (hier seien vor allem die in der BRD in hohen Auflagen edierten Bücher von Salcia Landmann und das in der DDR verlegte Bändchen »Von armen Schnorrern und weisen Rabbis« von Jutta Janke erwähnt) greifen immer wieder auch auf Safrin zurück. Deshalb erschien es uns sinnvoll, in einer Auswahl einmal nur die Arbeiten dieses polnisch-jüdischen Dichters, Schriftstellers und Theatermannes vorzustellen.

Den Grundstock der vorliegenden Sammlung bilden jüdische Witze und Anekdoten, die in Osteuropa spielen und dort auch entstanden sind. Der Siedlungsraum der osteuropäischen Juden umfaßte ein Gebiet von etwa einer Million Quadratkilometern; es reichte von Wilna (mit 43% jüdischen Bevölkerungsanteils ein Zentrum der Talmudgelehrsamkeit, das Jerusalem des Ostens) bis Warschau und Łódź und von Łódź bis Odessa und wieder hinauf nach Wilna, wobei es außer in den genannten Großstädten (in Warschau lebten mehr Juden, als in England, Frankreich und der Schweiz zusammengenommen, in Łódź waren von 672 000 Einwohnern im Jahre 1939 233 000 Juden) auch wichtige Zentren im ehemaligen Galizien und in Belorußland gab (Minsk war ein Zentrum des Chassidismus).

Die Juden waren im späten Mittelalter vor den blutigen Verfolgungen – vor allem während der Kreuzzüge – aus Deutschland geflüchtet und nach Osteuropa ausgewandert, wo die polnischen Könige ihnen ab dem 14. Jahrhundert Zuflucht gewährten. Trotz aller Toleranz, deren sich die Juden unter den polnischen Königen zunächst erfreuten, blieben in der Folge auch im neuen Siedlungsgebiet Pogrome nicht aus. So richtete der ukrainische Kosakenhetman Chmelnizki 1648 während der Kosakenerhebung gegen die polnische Krone ein furchtbares Massaker an, dem etwa fünfhunderttausend Juden zum Opfer fielen. Nach der Teilung Polens (die damals letzte war 1795) kam es unter den russischen Zaren ebenfalls immer wieder zu Pogromen, so 1903 in Kischinjow (Bessarabien).

Die osteuropäischen Juden lebten in einer geschlossenen Welt, die von strengen religiösen Gesetzen regiert wurde. Die strikte Einhaltung dieser Gesetze hatte es ihnen – als einzigem Volk der Erde in einer vergleichbaren Lage – ermöglicht, ohne eigenen Staat zweitausend Jahre in der Zerstreuung zu überleben. Alle anderen Völker, die sich im Laufe der Jahrtausende in einer ähnlichen Situation befanden, sind aus der Geschichte verschwunden, wurden von anderen Völkern assimiliert. Doch als sich dann, im 18. und vor allem im 19. Jahrhundert, die Bedingungen änderten – zuerst in Westeuropa –, als die Juden mehr Gleichberechtigung erfuhren, änderte sich auch ihr Verhältnis zu den Vorschriften ihrer Religion. Die Gesetze wurden nun häufig als Fesseln empfunden, mit der Möglichkeit eines Studiums taten sich neue Perspektiven auf, und die wurden von den geistig an Talmud und Thora bestens geschulten jungen Männern erfolgreich genutzt. Gegen solche Tendenzen regte sich in den orthodoxen Kreisen des Judentums starker Widerstand. Die daraus resultierenden Spannungen waren ein günstiger Nährboden für Witze und Anekdoten, die sich sowohl gegen die Reformwilligen als auch gegen die Hüter der alten Ordnung richteten. Überhaupt entstanden Witze am ehesten im Spannungsfeld gegensätzlicher Meinungen und Haltungen oder in Zeiten der Gefährdung. Der Witz als Waffe der Schwachen. Dabei fällt auf, daß man in jüdischen Witzen nie eine Spur von Haß findet; auch sehr kritische Witze zeugen noch vom Verständnis für die Lage des anderen, von Toleranz also. Zuweilen hat der jüdische Witz so starke selbstkritische Züge, daß Antisemiten es immer wieder versuchten, ihn gegen die Juden zu mißbrauchen. Häufig nimmt er die Form einer Parabel an, daß heißt, daß er mit möglichen Situationen und Konstellationen nur spielt; er benutzt zwar bekannte Strukturen, übersteigert aber das Geschehen ins Absurde. Trotzdem bleibt er zugleich auch Repräsentant des jüdischen Lebens, vor allem in Osteuropa, jener versunkenen, vernichteten Welt des jüdischen Schtetls, die wir heute nur noch in der Literatur und eben auch im Witz und in der Anekdote wiederfinden. Die Andersartigkeit dieser Welt, besonders die Unkenntnis ihrer Lebensweise waren zweifellos wichtige Gründe, weshalb es in all den Jahrhunderten des Zusammenlebens mit anderen Völkern immer wieder gelang, die Menschen gegen ihre jüdischen Nachbarn aufzuhetzen.

Zum Glück gab es selbst nach dem Völkermord an den Juden noch Menschen, die in der Lage waren, ihr Wissen über das furchtbare Geschehen weiterzugeben, aber auch die Bilder der ferneren Vergangenheit wieder zum Leben zu erwecken. Zu ihnen ist zweifellos Horacy Safrin zu zählen, der viele Gestalten seiner Anekdoten selbst gekannt hat: so den Heiratsvermittler (Schadchen) Jaker, den Droschkenkutscher Feiwel, den Wasserträger Gedalje oder den Schammes (Synagogendiener) Schmul »aus dem Bethaus der Schneider, zu dem kein Gebildeter Zutritt hatte … Aber auch zur Welt der Chassidim hatte ich Kontakt«, schreibt Safrin im Vorwort zu seinem Buch. »Gegen Ende des ersten Weltkrieges nahm ich an der sechstägigen Hochzeit des jungen Zaddiks von Kossowo und seiner bildschönen Frau, der Tochter des Rabbis aus Jassy, teil.«

Bei meinem kürzlichen Besuch in Łódź, wo Safrin nach dem Kriege lebte, erzählte mir der polnische Schriftsteller Biliński, der mit Safrin in demselben Haus gewohnt hat, folgende Begebenheit: Morgens führten die beiden Herren oft gemeinsam ihre

Hunde aus. In der Nähe befand sich eine Grünanlage, die auf der einen Seite vom Gebäude des Parteikomitees und auf der anderen von einem Restaurant begrenzt wurde. Als eines Morgens die Hunde dort recht mühsam ihr Geschäft verrichteten, kam der Oberkellner aus dem Restaurant gestürzt und stellte die Hundebesitzer zur Rede. »Hören Sie!« rief er. »Das geht doch nicht! Die Hunde recken ihr Hinterteil genau meinen Gästen entgegen, die an den Fenstertischen frühstücken!« Da fragte Safrin ungerührt zurück: »Und Sie möchten, daß die Hündchen ihr Hinterteil nach der anderen Seite recken?« Der Ober verschwand wortlos im Restaurant.

Wir hoffen sehr, daß der Humor, der den Autor auszeichnete, sich auch dem Leser dieser Auswahl mitteilt. Mögen Safrins Geschichten die Erinnerung an die Welt, in der sie spielen, noch lange wachhalten.

Berlin, im Mai 1989 Kurt Kelm

WORTERKLÄRUNGEN

Achtzehngebet – Gebet der achtzehn Segenssprüche. Hauptgebet des werktäglichen Morgen-, Nachmittags- und Abendgottesdienstes der Gemeinde. Es enthält 19 (ursprünglich 18) Bitten, deren jede mit einem Segensspruch und der Hervorhebung einer bestimmten Eigenschaft Gottes schließt.

Aramäisch – Schwestersprache des Hebräischen, zur jüdischen Königszeit Verkehrssprache Vorderasiens; im babylonischen Exil von den Juden übernommen und seither in mehreren Dialekten als Volkssprache gebraucht, Teile des Talmuds sind ebenfalls in Aramäisch abgefaßt. Jesus hat in dieser Sprache gepredigt.

Begräbnisbruderschaft – in jüdischen Gemeinden bestehende, meist ehrenamtliche Vereinigung zur Erweisung von Liebesdiensten bei der Bestattung.

Chassidismus (Chassid = der Fromme) – volkstümliche religiös-mystische Bewegung im Judentum; entstand Mitte des 18. Jh. in Südpolen. Siehe auch Anm. Seite 15.

Cheder (Stube) – Bezeichnung der Lehrstube, der traditionellen ostjüdischen Elementarschule für Knaben. Stoff: Bibel und Talmud. Besuch vom 4./5. bis zum 13. Lebensjahr. Unterricht: unmethodisch, durch privaten, ungeprüften Lehrer (Melamed).

Diaspora (griechisch) – Zerstreuung; Begriff zur Bezeichnung aller Länder (außer Palästina), in denen Juden leben; auch die jüdischen Siedlungen dort.

Galizien – populäre Bezeichnung des von Österreich okkupierten Teils von Polen (1772–1918). Hauptstadt: Lemberg (Lwów).

Goj (Plur. Gojim) – Nichtjude.

Jeschiwa – talmudische Hochschule; s. Anm. S. 29.

Jom Kippur (»Tag der Sühne«) – Versöhnungstag, ernster Festtag, strenger Fast- und Bußetag, der heiligste des Jahres.

Kapote – langer Überrock; Joppe.

Kehilla (auch: Kahal) – Bezeichnung der jüdischen Gemeinde und Gemeindeversammlung.

koscher – der Ritualvorschrift genügend; zum Genuß erlaubt.

Laubhüttenfest (Sukkot) – acht Tage dauerndes Herbstfest. Charakteristikum: Aufenthalt in der Laubhütte (Sukka) für Mahlzeiten und Nachtruhe zur Erinnerung an das provisorische Hüttenleben der Israeliten während der Wüstenwanderung. Die Hütte soll unter freiem Himmel aufgestellt werden und aus Zweigen, Laub, Stroh u. ä. bestehen, so daß durch das Dach die Sterne schimmern können.

Maggid (Verkünder) – Prediger, religiöser Volksredner im östlichen Judentum.

Mazze (hebr. Mazza) – ungesäuertes Brot, für die Pessachtage vorgeschrieben. Zeichen der Erinnerung an den Auszug aus Ägypten, der in solcher Hast erfolgte, daß man das Brot nur in Mazza-Form backen konnte.

Melamed – Lehrer an einer jüdischen Elementarschule, dem Cheder.

Pessach – eines der drei Hauptfeste; wird zur Erinnerung an den Auszug aus Ägypten begangen. Ausschließlicher Genuß ungesäuerten Brotes an allen acht Tagen.

Purim – Freudenfest anläßlich der Errettung der persischen Juden vor dem Mordanschlag Hamans, des Ministers bei König Ahasveros (Xerxes). S. a. biblische Estherlegende.

Rabbi (»mein Meister«) – Bezeichnung des Gemeinderabbiners. Ursprünglich Titel, der nur auf die Gelehrten angewendet wurde, die sich mit der Auslegung der Bibel und des Talmuds befaßten. Später auch Bezeichnung jüdischer Lehrer und Gelehrter, die sich besonderer Hochachtung und Autorität in Glaubensfragen erfreuten.

Reb – vor Namen: Herr.

Rebbe – volkstümliche Bezeichnung für einen Zaddik, den chassidischen Rabbi.

Sabbat (jiddisch: Schabbes) – Tag der Ruhe im Judaismus, dauert von Sonnenuntergang am Freitag bis Sonnenuntergang am Sonnabend. Sabbatentweihung gilt als Todsünde. Verbot jeder Tätigkeit (auch des Rauchens, Reisens u. ä.). Ausnahme: Lebensgefahr und Betreuung von Kranken.

Schammes – Synagogendiener.

Talmud (»Studium«, »Belehrung«, »Lehre«) – Hauptwerk der jüdischen Religion nach der Bibel, bestehend aus der Mischna, der mündlichen Lehre, die als Ergänzung zur Bibel im 2. Jh. u. Z. schriftlich fixiert wurde, und der Gemara, der enzyklopädischen Diskussion über die Lehrsätze der Mischna. Die Gemara, die etwa im 6. Jh. u. Z. abgeschlossen wurde, wird auch als Talmud im engeren Sinne bezeichnet.

Tischa be Aw – Trauertag wegen der Zerstörung Jerusalems (586 vor und 70 nach der Zeitrechnung); strenger Fasttag.

Thora (Lehre) – Bezeichnung des Pentateuch, der fünf Bücher Mose. Für den gottesdienstlichen Gebrauch auf eine Pergamentrolle geschrieben.

treffe – unrein; Speisen, die nicht der Ritualvorschrift entsprechen.

Zaddik (Gerechter) – der Fromme, Vollkommene. Bezeichnung für die führende Gestalt im Chassidismus. Erfreute sich bei seinen Glaubensgenossen höchster Autorität (im Deutschen oft als »Wunderrabbi« bezeichnet). Die Chassidim glaubten, daß der Zaddik dank seiner mystischen Einheit mit Gott in allen menschlichen Dingen vermitteln könne.

Zimmes – ein Leckerbissen; etwas ganz Besonderes.

BIBLIOGRAPHIE

Bei der Arbeit an der vorliegenden Auswahl habe ich mich vor allem auf die beiden Bände »Beim Schein der Sabbatkerzen« (»Przy szabasowych świecach«), 4. Auflage, 1976, und »Beim Schein der Sabbatkerzen – zweiter Abend«, 1. Auflage, 1981, gestützt; ferner standen mir zur Verfügung: »Der Eselskinnbakken« (»Ośla szczęka«), 1958, »Die Fliege auf dem Sockel« (»Mucha na cokole«), 1960, »Die Dummen aus Dummsdorf« (»Głupcy z Głupska«), 1962, sowie Safrins Erinnerungsband »Amüsante und eigentümliche Geschichten meines Lebens« (»Ucieszne i osobliwe historie mego życia«), 1970. Ergänzt wurde die Auswahl durch Gedächtnisprotokolle von Gesprächen mit Freunden und Bekannten des Autors, denen ich an dieser Stelle herzlich danke.

Kurt Kelm